KB272234

자연과 사람이 가까운 초록빛 쿠바

신정환 지음

자연과 사람이 가까운

초록빛 쿠바

라틴아메리카 상생 연대기 ❷

알렙

쿠바, 생태의 땅:
혼종과 환대가 빚어낸 초록빛 문명

크리스토퍼 콜럼버스(Christopher Columbus)는 쿠바섬을 처음 보았을 때 그것을 세상에서 가장 아름다운 곳이라고 여러 번 감탄했다. 그러나 자신의 항해가 이 초록빛 섬을 세상에서 가장 분주한 장소 가운데 하나로 바꾸리라고는 상상하지 못했을 것이다. 카리브해의 입구에 자리한 쿠바는 유럽과 아메리카를 잇는 길목이었다. 이 섬은 지정학적 위치 때문에 때로는 영광을, 때로는 혹독한 시련을 겪어야 했다. 미국이 여러 차례 쿠바를 매입하려 했던 것도 이러한 전략적 위치 때문이었다.

문명의 길목에 놓인 땅은 언제나 다양한 만남과 충돌을 경험한다. 쿠바 역시 예외가 아니었다. 스페인은 쿠바를 거쳐 아메리카 대륙으로 진출했고, 아메리카는 쿠바를 통해 유럽으로 들어갔다.

아프리카는 대서양을 건너 쿠바에 도착했고, 아시아 역시 태평양을 넘어 이 섬에 닿았다. 세계의 여러 바다가 이곳에서 만났고, 서로 다른 문화가 이 섬에서 부딪히고 섞였다. 그 결과 쿠바 문화의 가장 큰 특징인 혼종성, 즉 뒤섞임이 형성되었다. 서로 다른 혈통과 언어, 그리고 이면에 켜켜이 쌓인 수많은 이야기가 오늘날 우리가 만나는 경이롭고도 다채로운 쿠바 문화를 만들어 낸 것이다.

그렇다면 쿠바의 정체성, 즉 '쿠바성(cubanidad)'이란 무엇일까. 콜럼버스의 『항해록』을 보면 쿠바를 비롯한 카리브해의 원주민들이 하나같이 평화롭고 친절한 사람들로 묘사되어 있다. 어쩌면 이들에게는 타자를 환대하는 태도가 삶의 방식처럼 자연스럽게 스며 있었는지도 모른다. 이러한 혼종과 환대의 땅에서 아메리카와 유럽, 아시아와 아프리카의 문화가 서로 뒤섞이고 새로운 창조가 이루어진 것은 역사적 필연이었을 것이다.

쿠바의 풍요로운 자연 또한 쿠바성을 형성하는 중요한 토대다. 호세 마르티에 따르면 인간에게는 자연과 환경이라는 두 명의 어머니가 있다. 쿠바의 작가 호세 포르나리스 역시 쿠바 정체성의 핵심을 자연에서 찾는다. 그는 더 나아가 쿠바의 자연이 이 땅에 살았던 옛 원주민들과 우리를 형제처럼 이어 준다고 말한다. 쿠바인들은 타인과의 혼혈을 통해 새로운 문화를 만들어 왔을 뿐 아니라, 자연을 통해 시간을 넘어선 선조들과도 깊은 유대감을 느끼는 것이다.

이 책은 자연과 문화가 허물없이 지내면서, 삶을 사랑하고 생명을 살리는 나라, 쿠바에 관한 이야기다. 더 정확히 말하자면, 쿠바라는 섬이 어떻게 21세기 화두가 된 생태 문명을 형성해 왔는지 살펴보려는 시도다. 이를 위해 1장에서는 다양한 지형과 풍부한 생물다양성을 중심으로 쿠바의 자연 생태계를 소개한다. 2장에서는 이러한 자연 위에 전개된 역사의 흐름을 따라가며, 자연과 역사가 어떻게 얽혀 왔는지 살펴본다. 3장에서는 자연 생태계와 더불어 쿠바의 또 다른 축을 이루는 문화 생태계를 조명한다. 이를 통해 자연과 문화가 서로 분리된 영역이 아니라 동전의 양면처럼 하나의 거대한 생태적 질서를 이룸을 살펴보려고 한다. 마지막으로 4장에서는 정치적 압박과 경제적 어려움에서도 쿠바 사람들이 어떻게 생태계를 지켜 왔는지, 그리고 국가 전략으로서의 지속가능 발전을 어떻게 추진하는지 살펴본다.

1994년, '특별 시기'라는 혹독한 시기에 처음 쿠바를 방문한 이후 30여 년의 시간이 흘렀다. 그동안 여러 차례 쿠바를 찾았지만, 쿠바의 사람과 자연은 늘 변함없이 이방인을 맞아주었다. 변화와 발전의 속도는 더딜지 모르지만, 변하지 않는 쿠바의 '지속'은 세계에서 가장 빠른 개발주의 국가에서 온 사람의 마음을 따뜻하게 해준다. 발전이 더디다는 이유로 과연 누가 쿠바에 돌을 던질 수 있을까.

쿠바 문학을 연구하며 박사 논문을 쓴 뒤에도 필자는 오랫동안 쿠바를 공부하고 글을 써 왔다. 그래서 '쿠바는 이런 나라다'라고 단정하는 일이 얼마나 조심스러운 일인지 잘 안다. 그럼에도, 누군가 쿠바를 한마디로 설명해 달라고 묻는다면 나는 주저 없이 이렇게 말할 것이다. 쿠바는 '생태의 땅'이라고. 이 책 역시 흥미 위주의 사실 나열보다는 삶과 자연을 사랑하는 쿠바의 매력과 저력, 다시 말해 쿠바라는 섬이 품은 생태적 상상력을 소개하고 싶은 마음에서 출발했다. 이 카리브의 섬이 들려주는 이야기가 우리가 살아가는 세계를 다시 생각해 보는 작은 계기가 되기를 바란다.

이 책을 쓰는 과정에서 자료를 보내 주고 도움말을 준 '쿠바 국제정책연구소(Centro de Investigaciones de Poliítica Internacional, CIPI)'의 루비스레이 곤살레스 사에스(Ruvisléi González Saez) 교수와 수나미스 파벨로 콘셉시온(Sunamis Fabelo Concepción) 교수의 우정에 감사드린다. 또한 중남미 생태 문명 연구를 수행하는 한국외국어대학교 중남미연구소 HK+ 사업단의 동료들께도 감사와 응원의 마음을 전한다. 늘 좋은 책을 만들기 위해 애써 주시는 알렙 출판사의 조영남 대표께도 감사드린다.

2026년
신정환

CONTENTS

제 1 장

쿠바의 지리와 생태 환경

쿠바의 지리와 생태 환경

카리브해의 관문, 쿠바의 지정학

2026년 1월 3일, 미국 특수 부대가 베네수엘라 대통령궁을 급습해 니콜라스 마두로(Nicolás Maduro) 대통령 부부를 체포하고 미국으로 압송하면서 마두로 좌파 정권이 붕괴했다. 미국의 도널드 트럼프(Donald Trump) 대통령은 이후 베네수엘라 다음의 목표가 쿠바임을 공공연히 언급하며 이 나라에 전방위적인 압박을 가했다. 미국이 왜 이토록 쿠바를 눈엣가시처럼 여기는지는 쿠바의 지정학적 위치를 보면 쉽게 이해할 수 있다.

쿠바의 국토 면적은 약 11만 평방킬로미터로, 대한민국보다 약 1만 평방킬로미터 정도 더 크다. 그러나 지형의 형태는 상당히 다르다. 대한민국의 동서 간 폭이 약 300킬로미터이지만, 쿠바는 동서로 약 1,250킬로미터나 길게 뻗어 있는 반면에 폭은 짧은 곳이

80킬로미터, 긴 곳도 190킬로미터에 지나지 않는다. 이처럼 동서로 길고 가늘게 이어진 쿠바의 지형은 마치 악어의 몸통을 연상시킨다.

실제로 쿠바에는 고유종인 '쿠바 악어'가 서식한다. 도도하면서도 강인한 힘과 끈질긴 생명력 덕분에 이 악어는 쿠바를 상징하는 동물이 되었다. 그런데 공교롭게도 이 악어의 긴 꼬리에 해당하는 쿠바 서부 지역이 바로 멕시코만의 입구를 지키는 위치에 자리한다. 트럼프 대통령이 '아메리카만'이라고 부르기를 고집하는 바로 그 바다다. 플로리다 남단의 키웨스트(Key West)는 쿠바와 불과 90마일(약 144킬로미터) 떨어져 있으며, 멕시코 유카탄반도 끝에 있는 휴양 도시 칸쿤(Cancún) 역시 쿠바와 약 200킬로미터 거리를 두고 마주 본다.

지리적으로 볼 때 쿠바는 말 그대로 미국의 코앞에 있는 섬이라고 해도 과언이 아니다. 그래서 이미 19세기 초부터 쿠바가 결국은 미국의 영향권으로 들어올 거라는 말이 돌아다녔다. 실제로, 1823년 먼로 독트린을 설계했던 미국 국무장관 존 퀸시 애덤스(John Quincy Adams)는 쿠바를 "자연법칙에 따라 미국의 입으로 떨어질 잘 익은 과일"에 비유한 바 있다. 사과가 나무에서 떨어지듯 쿠바 역시 언젠가는 스페인에서 떨어져 미국으로 끌려올 수밖에 없다는 논리다. 그래서 이를 중력론(Theory of gravitation) 혹은 잘 익은 과일 이론(Ripe fruit theory)이라고 한다. 모두 미국 팽창주의를 정당화하는 이론이다.

이처럼 미국과 지나치게 가까운 쿠바의 지정학적 조건은, 라틴

〈그림 1〉 · 플로리다 키웨스트에 있는 90마일 표지석.
출처: Florida Memory, State Library and Archives of Florida.

아메리카 좌파 동맹의 구심점이라는 정치적 역할과 더불어 쿠바가 오랫동안 겪어온 정치·경제적 어려움의 중요한 배경이 되었다. "미국과는 너무 가깝고 하느님과는 너무 멀다"라는 멕시코의 자조 섞인 표현이 쿠바에도 그대로 적용된다고 해도 크게 틀리지 않을 것이다.

한편 쿠바는 대서양을 건너온 이들을 맞이하는 카리브해의 관문이기도 했다. 카리브해는 앤틸리스 제도와 중앙아메리카, 그리고 남미의 콜롬비아와 베네수엘라 해안으로 둘러싸인 바다로 흔히 '아메리카의 지중해'라 불린다. 쿠바는 이 카리브해에서 가장 큰 섬으로서 북쪽의 입구를 지킨다. 또한 악어의 머리에 해당하는 쿠바 동부 지역은 약 60킬로미터 거리를 사이에 두고 에스파뇰라 (La Española)섬의 나라 아이티와 마주 본다. 카리브해의 관문이자 아메리카 대륙의 전략적 거점에 자리한 쿠바는 바로 이러한 지정 학적 위치 때문에 콜럼버스의 항해 이후 오늘에 이르기까지 국제 정치의 거센 흐름에서 파란만장한 역사를 겪어 왔다.

쿠바의 지역 구조와 역사적 공간

쿠바는 2011년 행정 체계 개편 이후 모두 열다섯 개의 주(Provincia) 와 하나의 특별 자치구(Municipio Especial)로 이루어져 있다. 서쪽에 서 동쪽으로 순서대로 나열하면 피나르 델 리오(Pinar del Río), 아 르테미사(Artemisa), 아바나(La Habana), 마야베케(Mayabeque), 마탄 사스(Matanzas), 시엔푸에고스(Cienfuegos), 비야클라라(Villa Clara), 상 티 스피리투스(Sancti Spíritus), 시에고 데 아빌라(Ciego de Ávila), 카 마구에이(Camagüey), 라스투나스(Las Tunas), 그란마(Granma), 올 긴(Holguín), 산티아고 데 쿠바(Santiago de Cuba), 그리고 관타나모 (Guantánamo)이다. 이와 별도로 '젊음의 섬'이라는 뜻의 이슬라 데 라 후벤투드(Isla de la Juventud)가 특별 자치구로 존재한다. 이 섬은 로버트 루이스 스티븐슨(Robert Louis Stevenson)이 쓴 『보물섬』의 무 대라는 이야기가 있지만 확인된 바는 없다.

쿠바는 일반적으로 서부, 중부, 동부의 세 지역으로 구분되며, 각각 다섯 개의 주로 이루어져 있고 서로 다른 지역적 특징을 지

    자연과 사람이 가까운 초록빛 쿠바

〈**그림 2**〉· 쿠바의 15개 주와 한 개의 특별 자치구 지도.

닌다. 먼저 서부 지역은 피나르 델 리오에서 마탄사스까지 다섯 개 주를 포함한다. 이 지역은 아바나를 중심으로 정치·경제·문화의 중심지를 이룬다. 1920년대 미국 듀퐁 그룹에 의해 개발된 휴양 도시 바라데로(Varadero)도 마탄사스에 있다. 다만 서쪽 끝의 피나르 델 리오 주는 전통적으로 담배 재배로 유명한 농업 지역이다. 반면 마탄사스는 문화적으로 중요한 인물들을 많이 배출해 '쿠바의 아테네'라는 별칭으로 불리기도 한다.

중부 지역에는 비야클라라에서 카마구에이에 이르는 다섯 개 주가 있다. 이 지역은 농업이 중심 산업이며, 특히 쿠바의 주요 생산물인 사탕수수가 역사적으로 많이 재배되었다. 비야클라라의 중심 도시 산타클라라(Santa Clara)는 체 게바라(Ernesto Guevara)의 무덤과 기념관이 있는 혁명의 도시로 알려져 있다. 또한 상티 스피리투스에 있는 도시 트리니다드(Trinidad)는 1514년 쿠바의 초대 총독 디에고 벨라스케스(Diego Velázquez de Cuéllar)에 의해 건설된 도시로, 사탕수수 산업의 번영에서 발전했으며 현재는 유네스코 세계문화유산으로 지정된 유서 깊은 역사 도시다.

동부 지역은 라스투나스에서 가장 동쪽의 관타나모에 이르는 다섯 개 주를 포함한다. 이 지역은 쿠바에서 산세가 제일 험준하고 역사적인 사건들도 많았다. 서부 지역보다 상대적으로 낙후되어 있지만, 쿠바 독립 혁명과 1959년 쿠바 혁명의 발상지라는 강한 자부심을 가진다. 라스투나스의 마나티(Manatí)는 1921년 멕시코 유카탄을 떠난 한인 이주민들이 처음 발을 내디딘 애환의 장소이다. 한편 올긴에 있는 바리아이만(Bahía de Bariay)은 콜럼버스가 1492년 항해에서 쿠바에 처음 상륙한 장소로 전해진다.

동부 지방의 중심인 산티아고 데 쿠바는 디에고 벨라스케스가 건설한 도시로, 초기 식민지 시기에는 쿠바의 수도였으며 오랫동안 카리브 지역의 중요한 문화 거점 역할을 했다. 이 도시의 초대 시장은 훗날 아스테카 제국 정복자로 유명해진 에르난 코르테스(Hernán Cortés)이다. 가장 동쪽에 있는 주인 관타나모에는 쿠바 최초의 도시인 바라코아(Baracoa)와 미 해군 기지가 있는 관타나모만이 자리한다. '관타나모 아가씨'를 뜻하는 노래 「관타나메라(Guantanamera)」는 제2의 국가라 불릴 정도로 세계적으로도 널리 알려진 쿠바의 국민가요다.

쿠바의 산과 들

쿠바의 지형은 흔히 악어의 모습을 닮았다고 묘사되는데, 여기에 하나의 수식어를 더 붙인다면 '잠든 악어'라고 할 수 있다. 태평하게 잠든 덕분인지, 동서로 길게 뻗은 쿠바의 국토는 대체로 평탄한 지형을 이룬다. 대한민국 국토의 약 70%가 산지인 것과 달리 쿠바는 약 70%가 평야와 완만한 구릉지로 이루어져 있다. 이러한 지형이 식민지 시대 이래 플랜테이션 농업의 중요한 기반이 되었다. 수도 아바나에서 제2의 도시 산티아고 데 쿠바까지 이어지는 약 900킬로미터 길이의 고속도로를 따라 이동하다 보면 평야가 이어지는 풍경을 계속 접하며, 국토를 가로지르는 거대한 산맥은 찾아보기 어렵다. 이러한 지형적 특성 덕분에 쿠바는 지리적으로 비교적 통합된 공간을 형성하게 되었다. 이는 행정적 통합을 쉽게 하는 동시에 쿠바 문화의 내적 통일성을 형성하는 데에도 일정한 영향을 미쳤다고 평가된다(Núñez Jiménez, 73). 쿠바의 지식인 펠릭스 바렐라(Félix Varela) 역시 이러한 지리적 조건을 염두에 두고 "쿠바는 그 지리적 상황 덕분에 항상 풍요로웠다"라고 말한다(Núñez Jiménez, 113).

그러나 쿠바에 산지가 없는 것은 아니다. 전 국토의 약 30–35%는 산지로 이루어져 있으며, 이 산지들은 크게 세 개의 산맥 체계로 나뉜다. 이 산맥들은 앞서 언급한 서부·중부·동부의 세 지역에 각각 하나씩 자리한다. 가장 서쪽의 피나르 델 리오에는 과니과니코(Guaniguanico) 산맥이 자리하며, 이 지역은 아름다운 자

〈그림 3〉· 모고테가 있는 서부의 비냘레스 계곡 모습.
출처: 위키미디어.

연 경관으로 유명하다. 과니과니코 산맥은 다시 동쪽의 로사리오 (Sierra del Rosario) 산맥과 서쪽의 오르가노스(Sierra de los Órganos) 산맥으로 나뉜다. 특히 오르가노스 산지는 석회암이 빗물에 의해 오랜 기간 침식되면서 형성된 전형적인 카르스트 지형을 보여 준다. 이 지역에는 다양한 형태의 독특한 지형이 발달해 있는데, 그 가운데 비냘레스(Viñales) 계곡은 원뿔 형태로 수직에 가깝게 솟아오른 석회암 언덕인 모고테(mogote)가 군집을 이루는 독특한 풍경으로 유명하다. 이러한 카르스트 지형은 멕시코 유카탄반도의 세노테(cenote)나 베트남 하롱베이의 석회암 섬들과 마찬가지로 물의 침식 작용이 만든 빼어난 자연 경관이다.

중부 지역에는 산타클라라와 트리니다드 사이에 에스캄브라이 (Escambray) 산맥이 형성되어 있다. 이 산맥의 최고봉인 피코 산후안(Pico San Juan)은 약 1,140미터의 높이를 지니며, 쿠바에서 비교적 높은 산지에 속한다. 이 지역은 또한 쿠바의 중요한 커피 생산지 가운데 하나이기도 하다.

마지막으로 동부 지역의 주인 그란마와 산티아고 데 쿠바에는 남쪽 해안을 따라 시에라 마에스트라(Sierra Maestra)산맥이 길게 뻗었다. 이 산맥에는 쿠바 최고봉인 투르키노(Turquino) 봉우리(1,974미터)가 자리하며, 험준한 지형 때문에 역사에서 중앙 권력에 저항하는 세력의 근거지 역할을 하기도 했다. 스페인 정복에 맞선 타이노(Taíno) 원주민의 저항, 두 차례의 쿠바 독립 전쟁, 미국·스페인 전쟁, 그리고 바티스타 정권에 맞서 게릴라 전술을 펼쳤던 피델 카스트로(Fidel Castro) 혁명군의 활동 무대 역시 이 지역이었다. 이러한 역사적 경험 때문에 쿠바 동부 지역은 전통적으로 저항과 혁명의 공간으로 인식되었다.

결국 쿠바의 지형은 크게 서부의 석회암 지대, 중부의 평야 지대, 그리고 동부의 산악 지대로 구분할 수 있다. 산지를 기준으로 보면 서부와 중부에는 완만한 산지가 분포하고, 동부에는 비교적 험준한 산악 지형이 형성되어 있으며 그에 따라 다양한 유형의 숲이 발달해 있다. 쿠바의 숲은 크게 열대 습윤림(Tropical Moist Forest), 반건조림(Xeric Forest), 그리고 운무림(Cloud Forest)으로 구분된다. 열대 습윤림과 운무림은 강수량과 습도가 높은 동부 산악 지역과 고지대에 발달했는데, 카리브 지역에서 가장 잘 보존된 열대림 가운데 하나로 평가된다. 특히 쿠바 동부의 열대 우림은 높은 생물다양성을 지닌 핵심 생태 지역으로 알려져 있다. 운무림은 열대 습윤림의 한 유형으로, 동부 산악 지대의 해발 약 800-1,200미터 고지대에 제한적으로 형성된다. 이 숲에는 구름과 안개에서 지속적인 수분이 공급되며 양치류와 다양한 식물이 풍부하게 분포한다. 반면 반건조림은 강수량이 상대적으로 적고 산지가 완만한 서부와 중부 지역에 널리 분포하며, 이 지역의 숲은 비교적 키가 작은 관목과 건조 환경에 적응한 식물들로 이루어져 있다.

쿠바의 강과 바다

쿠바에는 수백 개의 강이 존재하지만 대부분 규모가 작고 길이도 짧아 항해에 적합하지 않다. 100킬로미터를 넘는 강도 드물며, 특히 우기가 지나면 강수량이 급격히 감소하는 특징을 보인다. 쿠바에서 가장 긴 강은 약 370킬로미터 길이의 카우토(Cauto)강이다. 이 강은 동부의 시에라 마에스트라산맥에서 발원해 그란마를 가로질러 과카나야보만(Golfo de Guacanayabo)으로 흘러 들어간다. 중부 지방의 사구아 라 그란데(Sagua la Grande) 강은 쿠바에서 두 번째로 긴 강으로, 비야클라라를 남북으로 가로질러 흐른 뒤 이사벨라 데 사구아(Isabela de Sagua) 항구를 통해 플로리다 해협으로 유입된다. 쿠바에서 제한적이나마 수상 통행이 가능한 강은 대체로 이 두 강뿐이다.

쿠바에 큰 강이 많지 않다는 사실은 주요 도시들이 강변이 아니라 항구를 중심으로 발전한 이유 가운데 하나를 설명해 준다.

먼저 쿠바가 세계에서 열일곱 번째로 큰 섬이라는 점을 상기할 필요가 있다. 쿠바는 약 3,200킬로미터에 달하는 해안선을 가지며 300개 이상의 해변이 분포한다. 길고 복잡하게 굴곡진 해안에는 200개 이상의 항구가 형성되었는데, 이들 가운데 상당수는 입구가 좁고 안쪽이 넓으며 수심이 깊은 만 형태를 이루어 군사적으로도 방어에 유리한 천혜의 항구로 평가된다. 이러한 지리적 조건 덕분에 쿠바에서는 내륙 도시보다 항구를 중심으로 한 도시들이 발달했다. 설탕 수출의 중심지였던 시엔푸에고스, 동부 지역의 중심 도시 산티아고 데 쿠바, '쿠바의 베네치아'라고 불리는 마탄사스, 미국과 가장 가까운 항구 가운데 하나로 1980년 약 12만 5천 명의 쿠바인이 탈출한 마리엘(Mariel), 그리고 한때 '신대륙의 열쇠'라 불렸던 수도 아바나가 대표적인 사례이다. 앞서 한국인 이주민들이 상륙한 항구로 언급했던 마나티와 미 해군 기지가 있는 관타나모만 역시 이러한 항구 지형의 사례에 해당한다.

산과 평야, 강, 그리고 해안 외에도 쿠바의 지형을 이해하기 위해서는 쿠바 주변에 분포한 수많은 섬을 언급하지 않을 수 없다. 쿠바에는 약 4,200개 이상의 섬과 암초(islets)가 존재하는데, 이슬라 데 라 후벤투드 같은 비교적 큰 섬을 제외하면 대부분은 무인도거나 작은 산호섬(cay)으로 이루어져 있다. 특히 주목할 만한 것은 쿠바 본섬 주변에 형성된 네 개의 큰 산호 군도(群島)이다. 이 가운데 가장 규모가 큰 사바나-카마구에이(Sabana-Camagüey) 군도는 마탄사스에서 카마구에이에 이르는 북쪽 해안을 따라 약 475킬로미터에 걸쳐 펼쳐져 있으며 2,500개 이상의 산호섬과 암

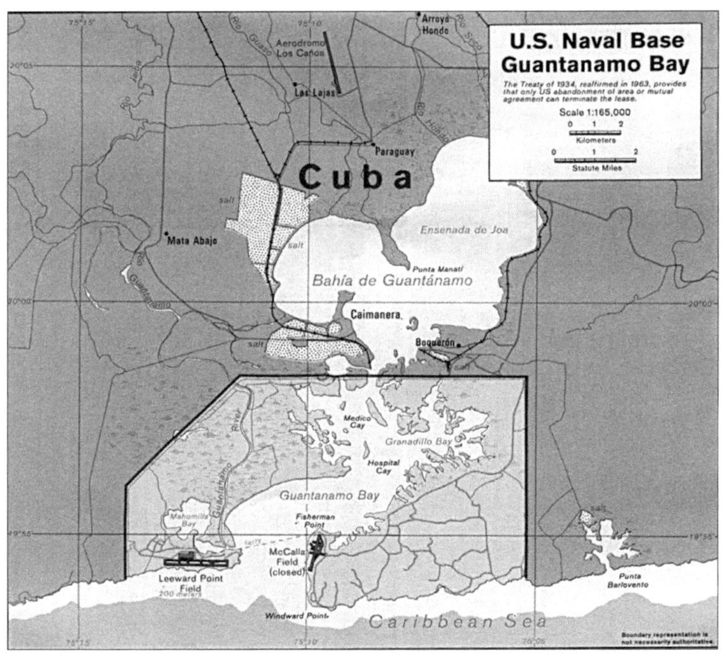

〈그림 4〉· 관타나모만과 미군 기지 지도. 천혜의 항구 조건을 가진다.

출처: 미국 정부 지도.

초로 이루어져 있다. 이 군도의 동쪽 지역은 별도로 '왕의 정원들 (Jardines del Rey)'이라고 불리기도 한다. 쿠바 정부는 이 지역을 '지속가능 특별 지역'으로 지정해 보호·관리한다.

또한 라스 비야스와 카마구에이 남쪽 약 50킬로미터 해상에는 약 600개의 작은 섬으로 이루어진 '여왕의 정원들(Jardines de la Reina)' 군도가 자리한다. 여기서 언급되는 왕과 여왕은 스페인의 가톨릭 군주였던 페르난도(Fernando)와 이사벨(Isabel)을 가리킨다. 이 밖에도 카나레오스(Canarreos) 군도는 이슬라 데 라 후벤투드를 포함해 피나르 델 리오와 마탄사스 사이 남쪽 해안을 따라 분포한 600여 개의 섬을 의미하며, 콜로라도스(Colorados) 군도는 쿠바 서부 피나르 델 리오 북쪽 해안을 따라 약 100킬로미터에 걸쳐 분포한 약 70개의 소규모 섬을 가리킨다. 이러한 산호 군도와 쿠바 해안에 발달한 산호초는 '바다의 열대 우림'으로 불릴 만큼 풍부한 생물다양성을 지닌 해양 생태계로서 높은 생태학적 가치를 지닌다.

쿠바의 맹그로브 해안 생태계

쿠바의 해안 지형을 논할 때 빼놓을 수 없는 대표적인 자연환경이 바로 맹그로브(mangrove) 습지이다. 맹그로브 습지 혹은 맹그로브 숲은 열대 및 아열대 해안에서 민물과 바닷물이 섞이는 해안 환경을 따라 맹그로브 식물이 군락을 이루며 형성되는 독특한 생태계이다. 이러한 식물은 염분이 높은 환경에서도 생존할 생리적 적응 능력이 있어서 해안 지역에서 넓은 숲을 이룬다.

맹그로브 생태계는 해안 생태계를 보호하는 데 중요한 역할을 한다. 맹그로브 숲은 자연적인 방파제 역할을 해 파도와 폭풍에서 해안을 보호하고 침식을 줄이는 기능을 한다. 또한 다양한 어류와 갑각류의 서식지이자 산란장이 되어 해양 생물다양성을 유지하는 데 중요한 역할을 한다. 이와 함께 맹그로브 생태계는 대기 중의

〈그림 5〉· 쿠바의 맹그로브 습지.

이산화탄소를 흡수하고 장기간 저장하는 블루 카본(Blue Carbon) 생태계의 대표적인 사례로 알려져 있다. 이러한 해안 생태계는 육상 생태계에 비해 매우 높은 탄소 저장 능력을 지니며 기후변화 완화에도 중요한 역할을 한다. 블루 카본 생태계는 맹그로브뿐 아니라 해초지(seagrass beds)와 염습지(salt marsh) 등 다양한 해안 생태계를 포함한다.

맹그로브 습지는 쿠바뿐 아니라 멕시코 유카탄반도와 미국 플로리다 등 카리브해와 멕시코만 주변 지역에 널리 분포한다. 한국 서해안의 갯벌 역시 이러한 블루 카본 생태계의 중요한 사례로서 해양 생태계 보전과 탄소 저장에 중요한 역할을 한다. 쿠바에서 가장 대표적인 맹그로브 습지로는 마탄사스 남부의 사파타반도에 있는 사파타 습지(Ciénaga de Zapata)가 있다. 이 지역은 카리브해에서 가장 큰 습지 가운데 하나로 유네스코가 지정한 생물권 보전 지역이며 다양한 동식물이 서식하는 중요한 생태 보호 구역이다.

〈표 1〉· 유네스코 생물권 보전 지역.

유네스코의 인간과 생물권 프로그램(Man and the Biosphere Programme, MAB)은 생물다양성 보전과 인간의 지속가능한 이용을 조화시키기 위해 생물권 보전 지역(Biosphere Reserves)을 지정한다. 이 지역들은 자연 보호뿐 아니라 연구, 교육, 그리고 지속가능한 지역 발전을 실험하는 공간이라는 특징을 지닌다. '세계자연유산(World Natural Heritage)'이 자연유산의 보전에 초점을 두는 것과 달리, 생물권 보전 지역은 생태계 보전과 지역사회의 지속가능한 이용을 동시에 추구한다. 이를 위해 보전을 위한 핵심 구역(Core Zone), 연구·교육 및 제한적 관광 활동이 이루어지는 완충 구역(Buffer Zone), 그리고 농업·주거 활동이 이루어지는 협력 구역(Transition Zone) 등 세 개의 구역으로 구분된다. 육상·해안·해양 생태계를 포함하는 이러한 생물권 보전 지역은 사파타 습지를 포함해 쿠바에 모두 여섯 곳이 지정되어 있다.

1. 로사리오 산맥(Sierra del Rosario, 1985)

1985년 쿠바 최초로 생물권 보전 지역으로 지정된 이곳은 서부 과니과니코 산맥의 동쪽 부분에 해당한다. 열대림 복원 프로그램과 지속가능한 공동체로 알려진 라스 테라사스(Las Terrazas), 그리고 커피 기반 산림 농업 시스템으로 유명하다.

2. 바코나오 공원(Baconao, 1987)

산티아고 데 쿠바에서 동쪽으로 약 20-30킬로미터 떨어진 지역에 있는 자연 보호 지역이다. 선사 시대 계곡과 거대한 화강암 바위인 그란 피에드라(Gran Piedra), 그리고 복원된 타이노 원주민 마을 등을 통해 생태 탐방이 가능하다. 멸종 위기에 처한 박쥐를 포함해 약 2천 종의 동식물이 서식하는 생물다양성 지역으로 알려져 있다.

3. 과나아카비베스(Guanahacabibes, 1987)

쿠바 최서단에 있는 과나아카비베스 반도에 자리하며, 산 안토니오 곶(Cabo de San Antonio)이 이 지역에 포함된다. 북쪽의 콜로라도스 군도와 연결된 국립 공원 지역으로, 네 종류의 바다거북과 170종 이상의 조류가 서식한다. 인구가 거의 없고 자연 상태가 잘 보존된 생태 관광 지역이다. 또한 이곳은 과나아타베예 원주민의 마지막 거주지로 알려져 있으며 관련 유적이 남아 있다.

4. 쿠치야스 델 토아(Cuchillas del Toa, 1987)

동부 관타나모와 올긴에 걸친 보전 지역으로 알렉산더 훔볼트(Alejandro de Humboldt) 국립공원과 엘 융케(El Yunque) 산을 포함한다. 소나무 숲, 맹그로브 습지, 산호초, 카르스트 동굴 등 다양한 생태 환경이 공존하며, 멸종 위기의 딱따구리와 솔개가 서식하는 생물다양성 지역이다. 특히 세계에서 가장 작은 벌새와 세계에서 가장 작은 개구리 종의 서식지로도 유명하다.

5. 사파타 습지(Ciénaga de Zapata, 2000)

마탄사스 남부 사파타 반도에 있는 국립공원으로 카리브해에서 가장 크고 중요한 습지 가운데 하나이다. 〈람사르협약(Ramsar Convention)〉에 따른 국제적 습지로 지정되어 있으며 쿠바의 중요한 생태 보호 지역이다. 플라밍고를 비롯해 약 175종의 조류와 쿠바 악어, 맹그로브 숲, 산호초 등 다양한 생태계가 공존하는 높은 생물다양성 지역이다.

6. 부에나비스타(Buenavista, 2000)

사바나-카마구에이 군도 인근 해안을 따라 형성된 생물권 보전 지역으로 카구아네스(Caguanes) 국립공원과 카요 산타 마리아(Cayo Santa María) 지역을 포함한다. 모래 해변과 암석 해안, 다양한 숲과 동굴, 그리고 대규모 사구 지형이 발달해 있다. 이 지역은 산호초 섬, 맹그로브, 해초지 등이 결합한 중요한 해양 생태계로 약 230종의 식물과 800여 종의 동물이 서식하는 생태 관광지다.

카리브해의 허리케인과 쿠바의 기후

쿠바는 위도상 약 북위 19도에서 23도 사이에 있으며 전형적인 열대 기후 지역에 속한다. 쾨펜 기후 분류에 따르면 쿠바의 기후는 주로 사바나 기후(Tropical Savanna Climate)에 해당하며 일부 지역에서는 열대 몬순 기후의 특징도 나타난다. 북동쪽에서 불어오는 습한 무역풍과 주변 해양의 영향 덕분에 기온 변화가 비교적 완만한 해양성 열대 기후를 보인다.

사바나 기후의 특징은 여름과 겨울의 구분보다는 우기와 건기의 구분에 있다. 쿠바 역시 뚜렷한 겨울이 없고 일 년 내내 따뜻하거나 덥다. 일반적으로 우기는 5월에서 10월 사이에 나타나며 평균 기온은 약 30도 내외를 보인다. 반면 건기는 11월에서 다음해 4월까지 이어지며 평균 기온은 약 20도 안팎으로 비교적 온화하다. 2026년 2월 3일, 쿠바 기상청은 마탄사스 지방에서 섭씨 0도라는 이상 기온을 관측했다고 발표했는데, 이러한 이변은 쿠바의 기상 역사에서 처음 있는 일이라고 한다(Cubadebate, 3 de febrero, 2026).

쿠바의 연평균 기온은 약 25도 정도이며 연중 기온 차이는 대체로 10도 이내로 비교적 작다. 이러한 온화한 기후는 멕시코만을 흐르는 따뜻한 해류, 잔잔한 해풍, 그리고 북동 무역풍의 영향이 결합한 결과라고 할 수 있다(Pérez Jr., 5). 그러나 6월부터 11월 사이에는 대서양에서 발생하는 열대성 저기압, 즉 허리케인이 카리브해 지역에 큰 영향을 미친다. 허리케인은 강풍과 폭우, 높은 파도를 동반하며 매년 10여 차례가 넘게 카리브해 국가에 피해를 주는데 쿠바 역시 이런 자연재해에서 자유롭지 않다.

'허리케인(hurricane)'이라는 말은 카리브 지역 타이노 원주민 언어에서 유래한 '우라칸(Huracán)'에서 비롯된 것으로 알려져 있다. 이 용어는 강력한 폭풍을 의미하는 말로 스페인어를 거쳐 오늘날의 'hurricane'이라는 단어로 전해졌다. 마야 문명의 신화에 등장하는 신의 이름도 우라칸이다. 마야의 성경이라 불리는 『포폴 부 (Popol Vuh)』에 따르면 우라칸은 이 세상을 창조한 하늘의 신이다. 폭풍우를 몰고 오는 우라칸처럼 허리케인 역시 강풍, 폭우, 그리고 높은 파도를 일으키며 큰 피해를 준다. 예를 들어 2005년 미국 남부에 큰 피해를 남긴 허리케인 카트리나(Katrina)와 2022년 쿠바 서부를 강타해 대규모 정전을 초래한 허리케인 이안(Ian), 그리고 2025년 쿠바와 자메이카를 강타한 멜리사 등이 모두 초강력 허리케인이었다.

역사 기록에 따르면 콜럼버스 역시 아메리카 항해 도중 카리브해의 강력한 폭풍을 경험한 바 있으며 이는 유럽인들이 기록한 초기 허리케인 사례 가운데 하나로 여겨진다. 이후 역사적으로 쿠바는 수많은 허리케인을 겪어 왔으며 기록상 150차례 이상의 강력한 허리케인이 이 섬을 통과한 것으로 추정된다(Pérez Jr., 5). 쿠바 역사상 가장 큰 인명 피해를 남긴 허리케인은 1963년 10월 동부 지역을 강타한 허리케인 플로라(Flora)로 알려져 있다. 이 폭풍과 그에 따른 홍수로 쿠바에서 약 1,700명 이상이 사망하고 카리브 지역 전체에서는 7천 명이 넘는 희생자가 발생했다.

한편 쿠바는 카리브판과 북아메리카판 사이의 경계 지역에 있어서 지진 활동도 나타난다. 다만 이러한 지진은 주로 동남부 지역에 집중되어 있으며 허리케인에 비해 상대적으로 피해 규모는 제한적인 편이다. 최근 기후변화로 인해 해수면 온도가 상승하면서 허리케인의 강도와 강수량이 증가할 가능성이 있다는 연구 결과도 보고된다. 이러한 변화는 앞으로 카리브해 지역의 자연재해 위험을 더 높일 것으로 전망된다. 그러나 카리브해의 근심 걱정이 어디 자연현상뿐일까. 서반구 장악을 꾀하는 미국의 압박과 제재는 자연재해 못지않게 이 지역을 정치적 폭풍우 속으로 몰아넣는다. 낭만과 재난, 폭풍과 폭력이 공존하는 21세기 카리브해의 슬픈 지정학이다.

지상낙원의 자연 생태계

1492년 10월 28일 쿠바섬에 도착한 콜럼버스는 "나는 이처럼 아름다운 풍경을 본 적이 없다"라고 감탄한다. 그는 이어 다음과 같이 기록한다. "그 강을 온통 에워싸는 나무들이 짙푸르고 아름답다. 에스파냐와 달리, 그 나무들은 제각기 독특한 꽃을 피우고 열매를 맺는다. 엄청나게 많은 크고 작은 새들이 즐겁게 지저귀며 날아다닌다. (……) 새들의 노랫소리를 들으려니 너무나 즐거워서 되돌아가고 싶지 않았다. 지금까지 본 곳 중에서 가장 아름다운 섬이다"(콜럼버스, 75). 이러한 기록을 보면 콜럼버스는 쿠바를 거의 지상낙원과 같은 자연환경으로 인식했던 것으로 보인다.

앞서 살펴본 내용을 바탕으로 쿠바의 자연 생태계를 정리하면 크게 네 가지 유형으로 구분할 수 있다. 먼저 열대 우림과 운무림을 포함하는 열대 습윤림과 다양한 산림이 발달한 산악 생태계이다. 이러한 숲은 다양한 동식물의 서식지를 제공할 뿐 아니라 수자원을 보전하고 토양 침식을 방지하는 중요한 역할을 한다.

둘째는 석회암 기반의 카르스트 지형이다. 대표적인 카르스트 지형은 서부 지방의 오르가노스 산지에서 잘 나타나지만, 정도의 차이는 있으나 쿠바 여러 지역에서 발견할 수 있다. 카르스트 지형의 특성상 지하 하천과 길게 이어지는 동굴 체계가 발달해 있다.

셋째는 쿠바 해안의 약 20-25%를 차지하는 광범위한 맹그로브 습지 생태계이다. 맹그로브 숲은 기후변화 대응에 중요한 블루 카본 생태계로서 산호초와 해초지와 함께 해양 생태계를 연결하는 핵심 역할을 한다.

마지막으로 산호초 중심의 해양 생태계가 있다. 이는 앞서 살펴본 네 개의 산호 군도에서 전형적으로 나타난다. 산호 군도는 일반적으로 외해의 산호초 장벽(reef crest), 내부의 석호(lagoon), 맹그로브와 해초지, 그리고 모래섬과 얕은 해안으로 구성되어 있다. 이러한 구조는 파도의 에너지를 완화하고 어린 물고기와 다양한 해양 생물의 서식지를 제공하는 중요한 생태적 기능을 수행한다. 쿠바에는 약 2,000킬로미터에 달하는 산호초 해안이 비교적 잘 보존되어 있다. 그 결과 다양한 어류와 해양 생물이 양호한 수중 환경에서 살아가며 높은 생물다양성이 유지된다. 이러한 해양 생

〈그림 6〉 • 카나레오 군도의 산호초 섬.

태계는 연안 어업 자원을 보호할 뿐 아니라 스쿠버 다이빙이나 스노클링과 같은 생태 관광 활동의 중요한 기반이다.

더 나아가 쿠바의 산호초는 기후변화 연구에서도 중요한 의미를 지닌다. 전 세계 많은 산호가 해수 온도 상승으로 인해 백화 현상을 겪는 상황에서, 비교적 건강한 상태를 유지하는 쿠바의 산호초는 해양 생태계 보전을 위한 중요한 연구 대상이 된다. 쿠바는 역사적·정치적 환경으로 인해 산업화와 해안 개발이 상대적으로 제한되었는데, 이러한 조건이 결과적으로 생태계와 생물다양성을 보전하는 데 일정한 역할을 했다고 볼 수도 있다.

이미 언급한 대로, 쿠바 국토의 약 70%는 평지로 이루어져 있다. 따라서 지금 말한 네 가지 생태계 외에도 쿠바 농업과 인구 생활의 기반이 되는 평야 생태계를 함께 고려할 필요가 있다. 쿠바의 농경지는 대체로 비옥하고 배수가 잘되는 토양을 가지며 대부분 해수면에 가까운 저지대에 분포한다. 이 가운데 쿠바 농업을 대표하는 토양 유형은 열대 적색토(Lateritic soils)이다. 이 토양은 강한 풍화 작용으로 인해 철과 알루미늄 산화물이 축적되어 붉은색을 띠며 주로 서부와 중부 평야 지역에 분포한다. 배수가 잘되는 대신 유기물 함량은 비교적 낮지만, 쿠바의 대표적인 농산물인 사탕수수와 담배 재배에 적합한 토양으로 알려져 있다. 한편 일부 석회암 기반 카르스트 지역의 건조하고 척박한 토양에서는 에네켄(henequén)과 같은 섬유 작물이 재배되기도 했다. 1921년 쿠바로 이주한 한인 농민들이 대부분 이 작물 재배에 종사했다.

지금까지 살펴본 것처럼 쿠바는 바다와 습지, 산지와 평야가 공존하는 다양한 자연환경을 통해 풍부한 생태적 다양성을 보여 준다. 역사적·정치적 조건으로 인해 개발 속도가 상대적으로 느렸던 점은 역설적으로 자연 생태계와 생물다양성을 보전하는 데 일정한 역할을 했다고 평가할 수 있다.

쿠바의 생물다양성과 고유종

카리브해는 앞서 살펴본 것처럼 다양한 생태계를 보유하며 비교적 자연환경 보존이 잘 이루어진 지역으로 알려져 있다. 이 덕분에 카리브해는 세계에서 생물다양성이 매우 높은 지역이다. 쿠바역시 이러한 특징을 공유한다. 특히 쿠바는 비교적 크지 않은 국토 안에 산지, 평야, 습지, 맹그로브, 산호초 등 다양한 생태 환경이 공존해 면적 대비 생물다양성이 매우 높은 나라다. 또한 섬이라는 고립성 덕분에 고유종(endemic species) 비율이 매우 높은 것이특징이다. 섬 생태계 특성상 외부 교류가 제한된 상태에서 동식물이 오랜 시간 독자적으로 진화해 왔기 때문이다.

흥미로운 점은 쿠바가 지정학적으로 대서양과 카리브해를 잇는 관문에 있어 인종과 문화 측면에서는 활발한 교류와 혼종이 이루어졌다는 사실이다. 문화적으로는 다양한 외부 영향이 쌓였으나, 자연 생태계에서는 높은 고유성이 유지된다는 점이 흥미롭다. 이러한 대비는 쿠바 자연환경의 중요한 특징 가운데 하나라고 할수 있다. 이방인을 환대하는 개방적인 민족성을 가지지만 내면적으로는 고유의 존엄과 가치를 잃지 않았던 쿠바인의 자주성을 보여 주는 단면이 아닐까?

구체적으로 살펴보면 쿠바의 고유종 비율은 매우 높은 편이다. 식물의 경우 전체 종 가운데 절반 이상이 고유종이며, 조류는 약 25% 정도가 고유종이다. 특히 파충류와 양서류에서 고유종 비율이 매우 높아 파충류는 약 80-90%, 양서류는 90% 이상이 쿠바에서만 발견되는 종으로 알려졌다.

동물 가운데 가장 널리 알려진 쿠바의 고유종으로는 '토코로로(Tocororo)'라고 불리는 쿠바의 국조 쿠바 트로곤(Priotelus temnurus)

과 세계에서 가장 작은 새로 알려진 벌새인 순순(Zunzún)이 있다. 또한 쿠바 솔레노돈이라 불리는 희귀 포유류와 쿠바 악어(Crocodylus rhombifer)와 같은 파충류도 대표적인 고유종이다. 이 밖에도 북반구에서 가장 작은 개구리로 알려진 종들과, 선명한 색채의 '그림 달팽이(Painted snail)' 등 다양하고 특이한 생물들이 쿠바의 자연환경을 대표한다.

식물에서도 높은 고유성이 나타난다. 쿠바에는 약 7천 종 이상의 식물이 분포하며 이 가운데 약 3천 종 이상이 고유종으로 알려져 있다. 쿠바의 고유종 식물 가운데 특히 주목할 만한 종으로는 착생성 식충식물인 벌레잡이제비꽃속의 한 종류인 핑기쿨라 리그니콜라(Pinguicula lignicola)가 있다. 이 식물은 일반적인 식충식물과 달리 토양이 아니라 나무나 이끼 위에 붙어 살아가며 곤충을 포획해 영양분을 보충하는 독특한 생태적 특성을 보인다.

이 밖에도 소철류 식물인 미크로시카스 칼로코마(Microcycas calocoma), 줄기가 불룩한 형태를 가진 야자류 식물로 쿠바 빅벨리(Bic Belly)라고 불리는 콜포트리낙스 라이트이(Colpothrinax wrightii), 석회암 지대에서 자라는 쿠바 드래곤 트리와 쿠바 소나무, 쿠바 목련, 그리고 쿠바 멜론 선인장을 비롯한 다양한 선인장 식물들이 쿠바 고유 식물군의 대표적인 사례로 꼽힌다.

이처럼 쿠바의 자연환경에는 수많은 고유종이 서식하며, 많은 동식물이 지역의 역사와 문화에서 흥미로운 이야기와 전통적 서사를 함께 만들어 왔다. 따라서 쿠바의 생태계를 탐방하는 일은 단순한 자연 관찰을 넘어 그 지역의 역사와 문화까지 함께 이해하

〈**그림 7**〉· 미크로시카스 칼로코마. 공룡 시대부터 있어서 '살아 있는 화석'으로 불린다.

출처: 위키미디어

는 과정이 되기도 한다.

쿠바의 기원과 정체성, 세이바 나무와 대왕 야자수

세이바(ceiba) 나무는 높이가 40–60미터에 이를 정도로 크게 자라
는 거목으로 열대림에서 가장 웅장한 나무 가운데 하나로 알려져
있다. 수백 년에 이르는 긴 수명을 지니며 열대 숲의 상층을 형성

하는 대표적인 나무이기도 하다. 이러한 특징 때문에 카리브해 지역과 서아프리카 문화권에서는 세이바 나무를 하늘과 땅을 연결하는 신성한 세계수(axis mundi)로 여겨 왔다.

세이바 나무는 특히 아바나의 기원을 말해주는 이야기를 품는다. 전승에 따르면 1519년 11월 16일 아바나 최초로 거행된 미사와 시의회가 세이바 나무 아래에서 열렸다고 한다. 오늘날 아바나 구시가지(La Habana Vieja)의 기념 신전 엘 템플레테(El Templete) 옆에는 이러한 역사적 사건을 기념하는 세이바 나무가 서 있다. 현재의 나무는 당시의 나무를 대신해 후대에 심어진 것이지만, 아바나의 탄생을 상징하는 존재로 널리 인식된다. 매년 11월 16일 아바나 건립 기념일이 되면 많은 사람이 세이바 나무 주변을 세 바퀴 돌며 소원을 비는 전통적인 풍습이 이어진다.

세이바 나무가 역사적 의미를 지닌 신성한 존재라면, 쿠바의 국가 정체성을 상징하는 국목(國木)은 대왕 야자수, 즉 팔마 레알(Palma Real)이다. 이 나무는 약 20-30미터까지 곧게 자라고 줄기 위에서 잎이 펼쳐지면서 마치 왕관을 쓴 듯한 위엄 있는 모습을 보여 준다. 대왕 야자수는 쿠바의 평야와 농경지에서 흔히 볼 수 있는 대표적인 풍경 요소이기도 하다. 높고 곧게 자라는 형태와 비교적 강한 바람에도 잘 견디는 특성 때문에 쿠바인의 강인함을 상징하는 나무로 여겨지기도 한다. 아프로쿠바 종교인 산테리아(Santería)에서는 대왕 야자수가 인간을 보호하는 신성한 힘과 연결된 나무라고 보기 때문에 함부로 베지 않는 관습이 있다.

한편 쿠바의 거리 풍경은 건기가 끝나고 더운 계절이 시작될

〈그림 8〉・아바나의 역사가 시작된 템플레테를 지키는 세이바 나무(1900년 사진).
출처: Detroit Publishing Company.

무렵 불꽃 나무(Flamboyán) 덕분에 또 다른 색채를 띤다. 이 나무는 강렬한 붉은 꽃을 피워 마을 전체를 붉게 물들이는데, 이는 여름의 시작을 알리는 자연의 신호와도 같다. 열정적인 색채를 지닌 이 꽃은 쿠바의 감성과 거리 풍경을 대표하는 상징적인 나무라고 할 수 있다.

쿠바에서 또 하나 눈에 띄는 식물은 난초이다. 쿠바에는 무려 300종에 이르는 난초가 서식한다. 그 가운데 특히 '하얀 나비'라는 뜻을 가진 마리포사 블랑카(mariposa blanca)는 한국의 무궁화와

   자연과 사람이 가까운 초록빛 쿠바

〈그림 9〉 • 쿠바의 도시나 농촌에 흔히 보이는 대왕 야자수.
사진: 김정라.

비슷한 상징적 의미를 지닌 쿠바의 국화(國花)이다. 흰색이 순수와 독립을 상징하며 은은하고 부드러운 향기를 지녀 쿠바의 정체성을 상징한다고 보기 때문이다. 그러나 더 널리 알려진 이유는 쿠바의 독립 전쟁과 관계 있는 역사적 이야기 때문이다. 전승에 따르면 스페인 식민 통치에 저항하던 시기 쿠바 여성들이 맘비세스(Mambises)라 불린 독립군의 비밀 메시지를 이 꽃잎 속에 숨겨 전달했다고 한다.

흥미로운 점은 마리포사 블랑카가 흔히 알려진 것처럼 난초에 속하는 식물이 아니고 고유종도 아니라는 사실이다. 이 식물은 생강과(Zingiberaceae)에 속하며 식민지 시기에 아시아에서 유입된 외래종이다. 그럼에도, 이 꽃이 쿠바의 국화로 자리 잡은 것은 독립운동과 연결된 강렬한 역사적 상징성 때문이라고 할 수 있다.

쿠바의 포식자와 희귀 동물

쿠바에는 아프리카나 아시아에서 볼 수 있는 사자나 호랑이와 같은 대형 육식 포유류가 존재하지 않는다. 즉 섬 생태계의 특징상 육상에서 활동하는 대형 포식자가 거의 없는 환경이다. 이러한 조건 때문에 쿠바의 동물상은 전반적으로 몸집이 작고 비교적 온순한 종들이 많은 편이다.

쿠바에 서식하는 동물 가운데 가장 많은 종류를 차지하는 것은 곤충이다. 쿠바에는 치명적인 독을 가진 동물은 거의 없으며 일부 전갈이나 거미가 있지만 사람에게 큰 위협이 되는 경우는 드물다. 현재까지 알려진 쿠바 동물종은 16,000여 종으로 추산되는데, 이 가운데 파충류는 약 120종, 포유류는 40여 종, 조류는 약 350종, 곤충은 약 7,500종, 연체동물은 약 2,900종 정도로 알려졌다. 이들 가운데 상당수는 쿠바에서만 발견되는 고유종이다.

먼저 소개할 쿠바의 대표적인 고유종 동물은 앞서 잠깐 언급한 연체동물 '그림 달팽이(Polymita picta)'이다. 이 종은 쿠바 동부 지방에 서식하는 나무 달팽이로 매우 화려한 색채와 다양한 무늬를 지닌 것이 특징이다. 작은 몸집과 독특한 색채 때문에 마치 장난

<그림 10> • 쿠바 그림 달팽이.
출처: 위키미디어.

감처럼 보이기도 한다. 이 달팽이는 귀여운 외형과 생태적 가치로 잘 알려져 있으며 2022년에는 '세계연체동물연구학회(Worldwide Society for Mollusc Research)'에 의해 '올해의 연체동물(Mollusc of the Year)'로 선정되기도 했다.

양서류 가운데 눈에 띄는 고유종으로는 이베리아 난쟁이 개구리(Eleutherodactylus iberia)가 있다. 이 종 역시 쿠바 동부 지역에 서식하는 멸종 위기종으로 몸길이가 약 1센티미터에 불과하다. 세계에서 가장 작은 개구리 가운데 하나이며 북반구에서는 가장 작은 개구리로 알려져 있다.

쿠바 포유류 가운데 가장 희귀한 동물로는 쿠바 솔레노돈과 설치류인 쿠바 후티아(Cuban hutia)가 있다. 쿠바 솔레노돈은 쿠바에서는 알미키(almiquí)라는 이름으로도 불린다. 털이 많고 긴 꼬리를 가진 야행성 동물로 길고 뾰족한 주둥이를 이용해 곤충이나 지렁이를 먹는다. 이 동물은 포유류로서는 드물게 약한 독성이 있는 타액을 가진 식충성 동물이다. 몸길이는 약 30센티미터 정도에 불과하지만, 쿠바의 평화로운 육상 생태계에서는 상위 포식자 가운데 하나로 간주한다.

쿠바에서 사람에게 잠재적으로 위협이 될 동물로는 파충류가 있다. 그 가운데 대표적인 종이 쿠바 악어다. 이 악어는 몸길이가 약 3.5미터까지 성장하며 주로 생물권 보전 지역인 사파타 습지에 많이 서식한다. 쿠바에는 이 외에도 카리브와 아메리카 대륙에 널리 분포하는 아메리카 악어(Crocodylus acutus)가 산다.

쿠바에는 여러 종류의 뱀도 서식한다. 일부 종은 약한 독을 가지지만 주로 작은 동물을 사냥하기 위한 것으로 사람에게 큰 위험이 되지는 않는다. 대표적인 종인 쿠바 보아뱀(Chilabothrus angulifer)은 길이가 3미터 이상까지 자라며 육상 생태계에서 중요한 포식자의 역할을 한다. 이 뱀은 독이 없는 종으로 사람에게 위협을 주는 경우는 드물다.

쿠바에 대형 육식 포유류가 없는 가장 큰 이유는 섬이라는 지리적 고립성 때문이다. 제한된 서식 공간과 대형 초식동물의 부족은 대형 포식자가 생존하기 어려운 조건을 만든다. 이러한 환경에서는 작은 몸집의 동물들이 살아남기 유리하며 먹이사슬 구조도 비교적 단순한 형태를 보인다. 이러한 특징은 쿠바뿐 아니라 카리브해 여러 섬에서 공통으로 나타나는 생태적 특징이다. 반면 섬의 지리적 고립을 비교적 쉽게 극복할 조류와 박쥐는 매우 다양한 종이 존재한다. 이는 섬 생태계에서 자주 나타나는 특징으로 쿠바에서도 그 다양성이 두드러지게 나타난다.

자유와 독립의 전령, 쿠바의 새들

쿠바를 비롯한 카리브해의 자연에서 사람들이 가장 흔히 마주치는 야생동물은 하늘을 자유롭게 날아다니는 새들이다. 특히 대형 육식 포유류나 강력한 독을 가진 뱀이 드문 쿠바의 생태계에서는 조류가 비교적 안정적인 환경에서 진화하고 번성할 수 있었다. 또한 쿠바는 북아메리카에서 남아메리카로 이동하는 철새들의 중요한 경유지이자 월동지이기도 하다. 이러한 이유로 사람들은 토착종과 철새가 함께 공존하는 쿠바를 종종 '새들의 섬'이라고 부르기도 한다. 조사 기관과 연구 방법에 따라 차이가 있지만 쿠바에는 약 400종에 가까운 조류가 서식하는 것으로 추산된다. 이 가운데 약 25-30종 정도가 쿠바에서만 발견되는 고유종으로 알려져 있다.

먼저 쿠바의 국조인 토코로로에 대해 알아 보자. 파란색, 빨간색, 흰색의 깃털이 쿠바 국기의 색과 유사해 쿠바를 상징하는 새로 여겨진다. 특히 새장에 갇히면 오래 살지 못한다는 전승 때문에 쿠바의 자유와 독립을 상징하는 의미도 부여되었다. 토코로로는 과테말라의 국조인 케찰(quetzal)과 마찬가지로 열대 숲 깊은 곳에 서식하는 트로곤과(Trogonidae)에 속하는 새로 높은 나무가 있는 숲에서 주로 발견된다. 이러한 특징 때문에 토코로로는 때로 '숲의 영혼'과 같은 존재로 묘사되기도 한다.

쿠바의 또 다른 고유종으로는 토티(Totí)라는 새가 있다. 이 새는 쿠바의 도시와 농촌에서 흔히 볼 수 있어 쿠바 일상의 풍경을 대표하는 새 가운데 하나다. 온몸이 검은색이어서 멀리서 보면 까마귀와 비슷하게 보이지만 실제로는 검은새류(Icteridae)에 속한다. 검은 새가 죽음이나 불길한 운세와 연관된다는 문화적 편견으로 인해 부정적인 이미지가 있지만 실제로는 해충을 잡아먹는 이로운 역할을 한다. 다만 개체 수가 많고 눈에 잘 띄는 색깔 때문에 농작물을 훔쳐 먹는다는 오해를 받기도 한다. 그래서 쿠바에는 "모든 새가 쌀을 훔쳐 먹는데 토티 혼자 뒤집어쓴다"라는 속담이 전해진다.

필자가 개인적으로 가장 좋아하는 새는 앞에서도 언급했던 순순이라는 '제비 벌새'다. 이 새는 몸길이가 약 5-6센티미터에 불과한 세계에서 가장 작은 새로 알려져 있다. 벌새(colibrí)과에 속하며 수컷은 붉은 머리와 밝은 녹색의 등을 가진 매우 작은 새이다. 공중에서 정지한 것처럼 떠 있지만 끊임없이 빠르게 움직이며 한곳에 오래 머물지 않는다. 쿠바의 작가 세베로 사르두이(Severo Sarduy)는 이러한 벌새의 움직임에서 고정되지 않고 끊임없이 변형되는 바로크적 존재와 문체의 특성을 떠올렸고 이를 소설 『콜리브리(Colibrí)』라는 작품 제목으로 표현하기도 했다.

〈그림 11〉·쿠바의 제비 벌새.

한편 고유종은 아니지만 쿠바에서 매우 흔히 볼 수 있는 새로 소필로테(Zopilote)라고 불리는 독수리가 있다. 보통 칠면조 독수리(Turkey vulture)라고 알려진 이 새는 도시와 농촌을 막론하고 하늘을 크게 선회하며 먹이를 찾는다. 이 새는 살아 있는 동물을 사냥하기보다는 죽은 동물의 사체를 먹는 청소형 조류로 생태계에서 중요한 정화 역할을 한다. 이러한 특성 때문에 자연의 순환을 상징하는 존재로 여겨지기도 한다.

이밖에 쿠바에는 많은 종류의 박쥐가 서식한다. 실제로 쿠바의 포유류 가운데 절반 이상을 차지하는 동물이 박쥐이며 그 가운데 일부는 고유종이다. 그래서 쿠바를 '박쥐의 섬'이라고 부르는 사람들도 있다. 쿠바에 박쥐가 많은 이유는 천적인 대형 포유류가 거의 없고 석회암 지형이 널리 분포해 동굴이 많기 때문이다. 박쥐는 씨앗을 퍼뜨려 숲의 재생을 돕고 꽃의 수분을 매개하며 해충을 잡아먹는 중요한 역할을 한다. 이러한 이유로 박쥐는 쿠바 생태계 유지에 핵심적인 역할을 하는 동물로 평가된다.

생물다양성과 생태계의 상호 의존성

생물다양성은 자연 생태계를 구성하는 핵심 요소 가운데 하나이다. 일반적으로 생물다양성이 높을수록 해당 생태계는 더 안정적이고 지속가능한 상태를 유지하는 경향이 있다. 이는 생물과 무생물을 포함한 생태계의 다양한 구성 요소들이 서로 긴밀하게 연결되어 상호 의존적인 관계를 형성하기 때문이다. 또한 생태계가 자연재해나 기후변화와 같은 외부 충격을 받을 때도 다양한 종이 서로 다른 방식으로 환경 변화에 적응하면서 생태계의 회복을 촉진하는 역할을 한다. 이러한 이유로 생물다양성은 생태계의 안정성과 회복력을 높이는 중요한 요인으로 간주한다.

동시에 건강한 생태계는 다양한 생물이 살아갈 서식 환경을 제공함으로써 생물다양성을 유지하고 확대하는 기반이다. 이러한 점에서 생물다양성은 생태계 유지의 조건이면서 동시에 그 결과이기도 하다.

평야, 산림, 습지, 해안 등 다양한 환경에서 서로 다른 종이 진화하고 공존하며 많은 고유종을 낳은 쿠바의 자연환경은 이러한 생태계와 생물다양성의 순환적 관계를 보여 주는 대표적인 사례라고 할 수 있다. 현재 쿠바는 에너지와 식량 등 기본적인 생활 조건을 확보하는 데 여러 어려움을 겪는다. 특히 식량 안보를 위해서는 건강한 토양과 안정적인 농업 생산 기반이 무엇보다 중요하다. 이를 위해서는 지속가능한 생태계 보전이 필수적인 조건이다. 결국 생물다양성과 건강한 생태계 사이의 선순환적 관계는 쿠바의 지속가능한 발전을 위해 매우 중요한 의미를 지닌다고 할 수 있다.

쿠바의 생태 환경 보호 정책

앞서 살펴본 것처럼 쿠바는 섬이라는 지리적 조건과 제한적인 개발 역사에서 높은 생물다양성과 다양한 지형이 어우러진 풍요로운 생태계를 비교적 잘 보전한다. 특히 대규모 산업 개발이 제한적이었고 자연환경에 대한 인간의 개입이 상대적으로 적었기 때문에 인간 활동과 자연 생태계 사이에 일정한 균형 관계가 유지된다. 그러나 이러한 생태계 역시 여러 위협 요인에 직면해 있다. 기후변화로 인해 해수면 상승이 진행되며 산호초의 백화 현상이 나타난다. 또한 강력한 허리케인의 발생 빈도와 강도도 증가하는 경향을 보인다.

쿠바는 이러한 환경적 위협에 대응하기 위해 국가 차원의 생태계 보전 정책을 추진하며 국제기구와의 협력도 활발하게 진행한다. 예를 들어, 앞서 보았듯이, 쿠바는 유네스코와 협력해 여섯 개의 생물권 보전 지역을 지정하고 관리한다. 유네스코 생물권 보전 지역에서 쿠바가 중요한 사례로 언급되는 이유는 생태계 보전과 지역사회의 지속가능한 발전을 동시에 고려하는 방식으로 관리가 이루어지기 때문이다. 즉 자연 보호 구역을 인간 활동과 완전히 분리하는 방식이 아니라 지역 주민의 생계와 생태 보전을 함께 고려하며 생태 관광, 혼농임업(agroforestry), 전통 농업 등을 결합한 형태로 운영한다.

쿠바는 이 밖에도 〈람사르 협약〉에 참여해 사파타 습지를 비롯한 여섯 곳을 국제적으로 중요한 습지로 지정해 보호한다. 또한 국제 환경 단체인 국제 조류 생명(Bird Life International)과 협력해 28곳의 조류 보전 지역(Important Bird Areas)을 지정하고 관리한다.

전체적으로 볼 때 쿠바는 국토의 약 20-25%를 보호 구역으로 지정해 생물다양성 보전을 위한 정책을 추진한다. 이러한 정책을 체계적으로 관리하는 핵심 기관이 국가 자연 보호 구역 시스템(Sistema Nacional de Áreas Protegidas, 이하 SNAP)이다. SNAP은 쿠바 전역의 자연 생태계를 통합적으로 보호하기 위해 구축된 관리 체계로서 쿠바 자연 보전 정책의 핵심 역할을 수행한다. 이 시스템은 생물다양성 보전, 자연 자원의 지속가능한 이용, 과학 연구와 환경 교육, 기후변화 대응 등을 주요 목표로 한다.

SNAP은 '국제자연보전연맹(International Union for Conservation of

Nature and Natural Resources, IUCN)'이 제시한 보호 구역 관리 체계와 유사한 구조를 갖는 여덟 개의 관리 범주로 구성되어 있다. 현재 쿠바에는 자연 보호 구역(Reserva Natural) 약 네 곳, 국립공원(Parque Nacional) 열네 곳, 생태 보전 지역(Reserva Ecológica) 서른두 곳, 특별 보호 대상 자연(Elemento Natural Destacado) 서른세 곳, 야생동물 보호구(Refugio de Fauna) 마흔다섯 곳, 관리 식물군 보호 구역(Reserva Florística Manejada) 마흔한 곳, 보호 자연 경관(Paisaje Natural Protegido) 스물네 곳, 자원 관리 보호 구역(Área Protegida de Recursos Manejados) 열여덟 곳 등이 지정되어 있다. 이러한 범주들은 인간 활동의 허용 정도에 따라 단계적으로 구분된다. 자연 보호 구역은 인간의 개입이 가장 엄격하게 제한되는 지역이며, 자원 관리 보호 구역은 지역 경제 활동과 자연 보전을 병행하는 방식으로 비교적 유연하게 관리되는 지역이다.

이 가운데 특히 쿠바 생물다양성 보전의 핵심 지역으로, SNAP이 지정한 열네 개의 국립공원이 있다. 이들 국립공원은 쿠바의 다양한 자연 생태계를 대표하는 보호 지역이며, 이 가운데 알렉산더 훔볼트 국립공원과 데스엠바르코 델 그란마 국립공원은 유네스코가 지정한 세계자연유산이기도 하다. 쿠바의 국립공원은 섬의 다양한 자연환경을 대표하는 보호 지역으로서 숲, 산지, 습지, 산호초, 해양 생태계 등 쿠바 생태계의 주요 유형을 포함한다.

〈표 2〉· 쿠바의 국립공원.

출처: https://www.cubanet.org/conoce-los-14-parques-nacionales-de-cuba.

1. 과나아카비베스(Guanahacabibes): 쿠바 최서단에 있는 생물권 보전 지역으로 숲, 해안, 산호초 등이 복합 생태계를 이룬다. 철새의 이동 경로이기도 하다.

2. 산펠리페 산호섬(Cayos de San Felipe): 쿠바 서부 피나르 델 리오 남쪽 바다에 맹그로브 섬과 산호초로 이루어진 해양 보호 지역이다. 카리브 특유의 '맹그로브-산호-해초' 생태계를 보여 주며 철새 이동 경로의 중간 기착지이다.

3. 비냘레스(Viñales): 석회암 카르스트 지형으로 인한 독특한 모고테가 유명하며 담배를 중심으로 전통 농업이 발달했다. 유네스코가 지정한 세계문화유산이기도 하다.

4. 사파타 습지(Ciénaga de Zapata): 중부 마탄사스주 남부에 있는 카리브 최대 규모의 습지대로서 맹그로브, 늪지, 석호 등이 발달했다. 쿠바 악어를 비롯한 다양한 생물다양성을 보유한다.

5. 카구아네스(Caguanes): 쿠바 상티 스피리투스 지방 북부 해안의 부에나비스타 생물권 보전 지역의 일부이다. 석회암 섬과 동굴, 맹그로브 습지 등 육상과 해양 생태계가 결합된 독특한 카르스트 지역으로 생태적·지질학적 가치가 높은 자연유산이다.

6. 하르디네스 데 라 레이나(Jardines de la Reina): '여왕의 정

원'이라는 이름에 걸맞게 카리브에서 가장 잘 보존된 아름다운 산호초 해역으로 대형 어류가 풍부하다.

7. 카이마네스(Los Caimanes): 쿠바 최동부 관타나모만 주변의 맹그로브 습지와 해안 생태계를 보호하는 지역으로, 이름 그대로 악어(카이만)를 비롯한 파충류와 조류의 주요 서식지다.

8. 알렉산더 훔볼트(Alejandro de Humboldt): 카리브 지역 최고의 생물다양성을 보여 주는 지역으로 동부 올긴과 관타나모주에 있으며 유네스코 세계자연유산이기도 하다. 열대 습윤림이 발달했다.

9. 데스엠바르코 델 그란마(Desembarco del Granma): 피델 카스트로가 혁명을 위해 그란마를 타고 와서 상륙한 남동부 그란마주에 있다. 깎이고 잠긴 카르스트 해안으로 융기된 해안 절벽과 석회암 계단식 지형이 돋보인다. 유네스코 세계자연유산이다.

10. 피코 크리스탈(Pico Cristal): 쿠바 동부의 올긴과 산티아고 데 쿠바에 걸쳐 있는 산악 지대로서 1930년 쿠바 최초의 국립원으로 지정되었다. 많은 하천의 발원지이고, 조류와 양서류 그리고 파충류의 다양성이 높다.

11. 멘수라 필로토스(La Mensura-Pilotos): 동부 올긴주의 니페(Nipe) 산맥에 있는 산악 열대림 보호 지역이다. 높은 생물다양성과 쿠바에서 가장 높은 과야보(Guayabo) 폭포를 비롯한 폭포와 하천으로 유명하다.

12. 투르키노(Turquino): 동부 시에라 마에스트라 산맥에 있으며 쿠바 최고봉인 투르키노 봉우리가 있다. 열대 우림과 운무림 등의 습윤림이 장관이다.

13. 피코 바야메사(Pico Bayamesa): 투르키노 국립공원이 시에라 마에스트라의 남사면이라면 피코 바야메사는 북사면에 있는 열대림 보호 지역이다. 깊은 계곡이 있고 여러 강줄기가 시작되며 조류와 양서류의 다양성이 높다.

14. 푼타 프란세스(Punta Francés): 이슬라 데 라 후벤투드 섬 남단의 프란세스 곶 주변의 해양 중심 공원으로서 산호초와 맹그로브 해안 생태계를 보호하는 역할을 한다.

쿠바의 국립공원은 국토 면적의 약 5%를 차지하며 섬의 다양한 카리브 생태계를 대표하는 보호 지역으로 국가의 체계적인 관리를 받는다. 국립공원에 속하지 않지만, 그에 준하는 생태적 가치를 지닌 보호 구역도 적지 않다. 그 가운데 대표적으로 언급할 곳이 두 지역이다. 먼저 토페스 데 코얀테스(Topes de Collantes)는 쿠바 중부 에스캄브라이 산맥에 있는 광범위한 산림 지역이다. 이곳은 여러 자연 보호 구역이 포함된 산악 보호 지역으로 울창한 열대림과 풍부한 수자원을 특징으로 한다. 시원한 산악 기후와 아름다운 폭포로 유명하며 트레킹과 하이킹의 명소로 알려져 있다. 또한 인근의 식민 도시 트리니다드와 연계된 생태 관광 지역으로도 중요한 역할을 한다.

또 다른 지역인 몬테크리스토(Montecristo)는 쿠바 동부 관타나모에 있는 보호 구역으로 쿠바에서 가장 건조한 기후 조건을 보이는 지역 가운데 하나이다. 이곳은 선인장과 가시 식물, 관목 중심의 식생이 발달한 건조·반건조 생태계를 대표하는 지역으로 독특한 자연환경을 보여 준다. 이러한 건조 생태계를 보전하기 위해 보호 구역으로 지정되어 관리된다.

앞서 살펴본 SNAP의 여덟 개 관리 범주에서 볼 수 있듯이 쿠바의 자연 보호 체계는 국립공원 외에도 다양한 유형의 보호 구역으로 구성되어 있다. 이러한 보호 구역 유형이 다양하므로 처음 접하면 다소 복잡하게 느껴질 수 있다. 그러나 SNAP 체계 아래에서 관리되는 보호 지역이 약 211곳에 이른다는 사실은 쿠바의 자연 보전 정책이 상당히 광범위하고 체계적으로 이루어짐을 보여 준다.

제 2 장

국제 정치의 풍향계, 쿠바의 역사

석기 시대의 원주민

콜럼버스가 쿠바에 처음 도착한 시절, 이 섬에는 약 6만 명의 원주민들이 살던 것으로 추정한다(Suchlicki, 4). 그러나 원주민 숫자에 대해서는 최소 16,000명에서 최대 30만 명까지 편차가 많다. 문자로 남겨진 증거가 없기에 모두가 추정일 뿐이다. 쿠바섬에 처음 사람이 산 것은 기원전 10000년 정도까지 거슬러 올라간다. 쿠바는 지리적으로 플로리다, 유카탄, 앤틸리스 제도 사이에 있는 카리브권의 길목이기 때문에 인구의 이동이 비교적 잦았을 것으로 생각된다. 초기 정복자들이 남긴 글이자 이후의 고고학적 발굴과 연구에 따르면 섬에는 적어도 세 부족과 문화가 있었을 것으로 본다. 과나아타베이(Guanahatabeyes), 수브타이노(Subtaínos), 그리고 타이노(Taínos) 부족이다. 시보네이(Siboneyes) 부족이 언급되기도 하

는데, 넓은 의미에서 수브타이노 부족과 동일한 의미로 쓰는 경우
가 많다.

먼저 과나아타베이 부족은 카리브에서 가장 오래된 고대 인종
으로 추정되며 쿠바에는 기원전 8000년에 이미 정착했을 것으로
본다. 서부의 피나르 델 리오 지방에서 수렵과 채집을 하면서 동
굴 생활을 했으며 그릇도 몰랐던 것으로 본다. 반면에 수브타이노
부족은 주로 중·동부에 흩어져 살면서 수렵과 낚시를 했던 인종
으로 추정된다. 그릇을 제작했으나 농경과 채집의 혼합 경제였고
정치 구조도 단순했을 것으로 간주한다. 타이노 문화로 발전하
기 이전 단계여서 '수브' 접미사를 넣는다. 따라서 '시보네이'라
는 이름과 혼동되기도 한다. 좁은 의미에서 시보네이는 그릇을
몰랐던 원시 문화로 넣지만, 넓은 의미에서는 '낮은 단계의 타이
노', 즉 수브타이노와 거의 동일하다고 간주한다. 하지만 루이스
페레스 교수는 시보네이를 수브타이노와 분명히 구분해서 기원
전 1000년경 플로리다에서 바하마 군도를 통해 유입된 인종으로
본다.

루이스 페레스(Luis Pérez)에 따르면 시보네이는 수렵과 채집을
주로 하며 동굴에 살면서 반유목 생활을 했다. 이후 시보네이는
남아메리카에서 유입된 아라왁(Arawak) 부족에 의해 노예가 되거
나 서부 지방으로 밀려났는데, 서기 9세기경에 들어온 초기 아라
왁 부족이 수브타이노이다(Pérez Jr., 11). 수브타이노는 고지대의 비
옥한 땅에 정착해 옥수수, 유카, 고구마, 토마토 등의 농사를 지었
다. 종교 의식과 의료 행위를 위한 담배도 재배했다. 또한 목재 조

각을 하고 그릇을 만들었으며 목화와 야자수 섬유로 천을 짤 줄 알았다. 나뭇잎과 진흙으로 담을 만들고 지붕에는 야자잎과 나무 줄기를 덮은 오두막을 짓고 해먹(hamaca)을 사용했는데, 이런 집을 보이오(bohío)라고 한다. 수브타이노 부족은 보통 20-50여 가구에 많게는 1,000명 이상의 사람이 마을을 이루고 살았는데, 지도자를 카시케(cacique)라 부르고, 각종 행사나 회합이 있었던 광장을 바테이(batey)라고 불렀다(Pérez Jr., 12).

15세기 중반에 이르러 에스파뇰라섬에서 유래한 두 번째 아라와 부족이 타이노다. 수브타이노와 비슷하게 쿠바의 중·동부, 특히 현재의 카마구에이, 올긴, 산티아고 데 쿠바 등지에 살면서 옥수수와 유카를 비롯한 농사를 지었다. 즉 정착 생활을 하고 곡식 저장을 위한 도자기를 만들었으며 족장이 마을을 다스리는 신분제 사회였다. 이들의 문명은 신석기 시대 수준이었을 것으로 추정된다(Suchlicki, 8). 문자와 금속, 그리고 바퀴나 운반용 가축은 없었으나 타이노 사람들은 수브타이노와 마찬가지로 카누를 만들어 타고 다니며 이웃 섬들과 교역을 했다. 다시 말해 타이노는 수브타이노와 혈통뿐만 아니라 식습관이나 사회 조직 등 전반적인 문화가 비슷했다. 그러나 이들이 미처 온 섬에 퍼지기 전에 스페인의 정복이 시작되었기에 분포는 넓지 않은 것으로 본다 (Pérez Jr., 12).

콜럼버스가 아메리카 땅을 처음 밟았을 때 카리브 일대에 살던 사람들은 수브타이노나 타이노라고 불리던 아라와 부족이었고, 쿠바도 마찬가지였다. 콜럼버스는 쿠바에 도착한 다음 날인 10월

〈그림 1〉・콜럼버스의 상륙 지점으로 추정되는 쿠바 바리아이만에 세워진 기념비.

29일 『항해록』에서 야자나무 가지로 만들어진 원주민 집의 살림
살이를 묘사한다. 깨끗이 정돈된 집과 깔끔하게 정리된 가구, 정
교하게 깎은 두상들과 어망, 낚싯바늘 등의 어구, 그들이 키우는
개들과 앵무새 등(콜럼버스, 77-78). 계속해서 11월 4일 일기에서는
자신이 목격한 쿠바의 원주민들이 매우 온순하고 겁이 많다고 말
하며, 11월 6일 일기에서는 여자들이 잘생기고 피부색도 그리 검
지 않다고 묘사한다(콜럼버스, 86, 90). 이는 쿠바의 타이노 부족에 대
해 문자로 남긴 최초의 기록이다.

타자의 조우, 비극의 시작

콜럼버스가 첫 항해에서 대서양을 건너 오늘날 바하마 군도의 한 섬에 도착한 것이 1492년 10월 12일이다. 쿠바라는 이름이 콜럼버스 『항해록』에 처음 등장하는 것은 10월 23일 일기에서다. 1474년 피렌체 출신의 천문학자 토스카넬리(Toscanelli)가 만든 부정확한 지도에 의존하던 콜럼버스는 쿠바섬이 "시팡구 섬이 분명하다"라고 확신한다(콜럼버스, 70). '시팡구'란 일본을 의미한다. 그는 10월 28일, 현재 올긴주에 있는 바리아이만을 통해 처음 쿠바 땅을 밟는다. 자기의 상상과는 다른 모습에 콜럼버스는 많은 오해와 시행착오를 거듭하는데, 그의 생각과 말에는 이미 불길한 제국주의적 씨앗이 들어 있다. 예를 들어, 쿠바 원주민의 삶을 돌아본 콜럼버스는 이 땅의 주민들이 종교를 가지지 않기에 쉽게 그리스도교도로 만들 수 있다고 단언한다(콜럼버스, 91). 그러나 원주민들은 엄연히 초월적인 존재를 믿었고 종교 의례도 거행했다. 서로의 존재를 모르던 두 인종이 예기치 않게 맞닥트리면서 수많은 오해와 사건이 있었으나 이것이 끔찍한 비극으로 전개될 줄은 아무도 상상하지 못했을 것이다.

콜럼버스의 아메리카 항해는 이후 세 차례나 더 진행되었지만, 쿠바는 흥미롭게도 한동안 스페인 사람들의 관심 영역 밖으로 밀린다. 현재의 도미니카공화국과 아이티가 있는 에스파뇰라섬이나 푸에르토리코 등과는 달리 금이 풍부하지 않다는 이유로 정복자들의 관심을 끌지 못한 것이다. 실제로 콜럼버스의 네 차례 항해

동안 스페인의 신대륙 거점은 카리브 최대의 섬 쿠바가 아니라 에스파뇰라섬이었다. 아메리카 대륙 최초의 백인 정착촌인 나비다드(Navidad) 요새를 건설한 곳도 에스파뇰라였다.

1508년 크리스토퍼 콜럼버스의 아들인 디에고 콜럼버스가 서인도 총독으로 임명되어 다음 해에 에스파뇰라섬의 산토도밍고에 부임한다. 1511년 그는 디에고 벨라스케스에게 한동안 방치했던 쿠바 탐험을 명령한다. 쿠바의 초대 총독으로 임명되는 벨라스케스는 1511년에서 1514년 사이에 일곱 도시(Siete Villas)를 건설한다. 바라코아, 산티아고 데 쿠바, 바야모, 카마구에이, 상티 스피리투스, 트리니다드, 그리고 아바나이다. 벨라스케스는 처음에 바라코아에 자리 잡았으나 1515년 산티아고 데 쿠바를 건설하고 1538년에는 쿠바의 수도로 삼았다.

성격이 온순하고 평화로웠던 타이노 부족은 정복 과정에서 초기에는 협조적이었으나 스페인인들의 탐욕과 폭력에 맞서 저항하기 시작한다. 그러나 철제 갑옷을 입고 총과 대포를 가진 정복자들에게 몽둥이와 돌로 저항하는 원주민들은 싸움의 상대가 될 수 없었다. 이 과정에서 가장 영웅적으로 싸운 주인공이 아투에이 이 과마(Hatuey y Guamá)다. 원래 에스파뇰라섬의 원주민 지도자였던 아투에이는 결국 스페인 군대에 사로잡혀 처형된다. 그는 그리스도교 세례를 받으면 화형 대신 교수형을 시키겠다는 제안을 받으나 스페인 사람이 있는 천국이라면 싫다면서 단호히 거절한다. 아투에이는 아메리카 대륙 최초로 백인에 맞서 투쟁한 인물로 기록된다.

스페인의 정복 이후 원주민들은 노예화되었고 가혹한 노동과 학대, 학살, 유럽 병균의 유입, 기아, 자살 등으로 인구가 급격히 감소했다. 특히 쿠바 원주민은 멸종이라고 해도 과언이 아닐 만큼 사라져 버렸다. 스페인 도미니크 수도회 사제인 바르톨로메 데 라스 카사스(Bartolomé de las Casas, 1474-1566)는 쿠바에서 벌어지는 참상을 직접 목격하고 이를 고발하는 『아메리카 파괴에 대한 간략 보고서』(1542)를 쓴다. 이에 스페인의 카를로스 1세(합스부르크의 카를 5세)는 1542년 신법(Leyes Nuevas)을 공포해 원주민들의 노예화를 금지하고 대우를 개선하라고 명령한다. 하지만 신대륙의 관리들은 국왕의 명령에 "복종은 하지만 지키지는 않는다".

쿠바뿐만 아니라 정복된 아메리카 대륙 전역에서 자행된 원주민 학대는 유례를 찾아볼 수 없을 정도의 인구 감소를 불러왔기에 인류 최초의 홀로코스트라고 할 수 있다.[1] 이는 또한 고유한 원주민 문화의 단절을 의미했다. 문자보다는 구전으로 '역사적 기억'을 공유하는 원주민 사회에서 사람이 사라지는 것은 곧 자연과 소통했던 그들의 지혜가 사라지는 것을 의미한다. 정복이 초래하는 자연 생태계의 파괴 못지않게 원주민의 생각과 목소리가 상실되는 정신 생태계 파괴는 인류에게 회복할 수 없는 피해를 주는 것이다.

---

1) 여러 연구에 의하면, 콜럼버스 이전 아메리카 원주민의 인구는 7천만 명 이상이었으나 150년 후에는 겨우 350만 명으로 감소하고 말았다(갈레아노, 85).

〈그림 2〉• 바라코아에 있는 아메리카 최초 반란자 아투에이 조각상.
출처: 위키미디어.

원주민 소멸이 가져온 또 다른 부작용은 아프리카 흑인을 노예로 끌고 온 것이다. 카리브해의 노동력이 부족해지자 1518년 카를로스 1세는 아프리카인들을 노예로 삼아 카리브 세계로 보내라는 칙령을 내린다. 이때 4천여 명의 흑인들이 아메리카로 왔고, 이들은 주로 에스파뇰라, 쿠바, 푸에르토리코 등의 카리브 섬들에 유입되었다. 인류의 역사를 바꾼 또 다른 비극의 시작이었다. 대서양 노예 무역에 관한 최고 권위의 데이터베이스인 '노예 여정

(Slave Voyages)'에 의하면, 노예제가 폐지될 때까지 아메리카 땅에 들어간 아프리카인들은 약 1,070만 명으로 추산되는데 이 가운데 45-50%가 카리브 유역에 번창하던 플랜테이션에 배치되었다고 한다(The Slave Voyages Consortium).

대서양의 관문 쿠바와 캐리비안의 해적

디에고 벨라스케스가 쿠바의 총독으로 부임하면서 본격적으로 스페인의 식민 지배를 받기 시작한 쿠바는 대륙 본토의 아스테카 제국을 정복하는 전초기지 역할을 한다. 디에고 벨라스케스의 부하였던 에르난 코르테스가 우여곡절 끝에 소수의 부하를 이끌고 1521년 마침내 거대한 제국을 무너뜨리는 것이다. 1533년에는 프란시스코 피사로(Francisco Pizarro)가 잉카제국을 멸망시킨다. 이제 아메리카 대륙에서 가장 중요한 식민 통치 거점은 부왕령(副王領)이 설치된 누에바 에스파냐(멕시코)와 페루가 된다. 한때 잠시 소외되었던 쿠바는 신대륙과 구대륙을 잇는 중개지가 된다.

1561년 천혜의 항구인 아바나는 아메리카의 귀금속과 생산품을 싣고 스페인으로 떠나는 보물 선단(Flota de Indias)의 집결지가 되었다. 두 부왕령에서 보낸 물건이 아바나로 모였고, 항구에는 선박들의 깃발과 돛대가 장대한 숲을 이루었다. 아바나는 1592년 펠리페 2세 국왕에 의해 정식으로 도시의 지위를 얻었고 1607년에는 바라코아와 산티아고 데 쿠바의 뒤를 잇는 수도의 지위를 물려받는다. 1634년 스페인 국왕이 '신세계의 열쇠'로 선포한 쿠바의 수도 아바나는 스페인이 독점하는 대서양 교역의 중심지로 더욱 번영을 누린다. 세비야를 향해 출항하는 대서양 선단은 1년에 두 번 운영되었고 중무장한 스페인 함대의 호위를 받았다. 펠릭스 바렐라는 아바나를 지중해의 찬란한 상업 도시였던 페니키아와 비교한다(Núñez Jiménez, 117). 수많은 문물을 받아들여 자기 것으로 만드는 데 성공한 쿠바는 이후 라틴아메리카의 중요한 문화적 거점으로 자리 잡는다.

먹을 것이 많고 환경이 불결하면 파리가 꼬이듯이, 보물선이 오가는 카리브 바다는 이후 해적들의 천국이다. 게다가 사소한 생필품마저 아메리카에서 제조하는 것을 금하고 독점 무역을 강요한 스페인 왕실에 대한 반감, 그리고 스페인 관리들의 부패는 대서양 바다가 밀수의 온상이 되게 만들었다. 1576년 처음으로 대규모 사탕수수 플랜테이션이 생긴 이래 쿠바의 사탕수수 산업은 계속 번창했고 이에 따라 높은 노동력이 필요했다. 이때 등장한 것이 이른바 '캐리비안의 해적'이었고 그들은 아프리카 노예 밀수를 통해 막대한 수입을 올렸다. 또한 부유한 도시와 농장을 약탈하고 상선과 사람들을 납치했다.

당시 해적은 국가가 경영하는 국가 사업으로 발전했다. 특히 아메리카 대륙의 스페인 세력에 도전하던 영국, 네덜란드, 프랑스 등은 해적들의 불법 행위를 보호하고 지원했다. 생계형의 독립 해적(pirata)과 성격이 다른 이들을 가리켜 사략선(私掠船, corsario; 대서양 영어권에서는 privateer)이라고 불렀다. 사략선은 자국 정부의 지휘 아래 약탈 행위를 하고 동업자로서 이익을 나누는 일종의 '국립 해적'인 셈이었다. 악명이 높던 인물로는 영국 출신의 프랜시스 드레이크(Francis Drake)와 헨리 모건(Henry Morgan), 프랑스 출신의 힐베르토 히론(Gilberto Girón) 등이 있다. 드레이크는 엘리자베스 영국 여왕에게 귀족 작위를 받았으며, 헨리 모건은 자메이카의 부총독이 되어 부귀영화를 누린다. 히론은 1604년 만사니요 항구에서 대담하게도 쿠바의 주교 후안 데 라스 카베사스 알타미라노를 납치하고 몸값을 요구하지만, 주교는 극적으로 구출되고 자신은 죽임을 당한다. 작가인 실베스트레 데 발보아(Silvestre de Balboa)가 이 사건을 소재로 『인내의 거울(*Espejo de paciencia*)』이라는 서사시를 쓰는데, 이것이 쿠바 문학사 최초의 작품이다.

보물선의 집결지이자 부유한 항구 도시인 아바나는 당연히 수많은 해적의 먹잇감이었다. 실제로 아바나는 1555년 프랑스 해적 자크 드 소르(Jacques de Sores)에 의해 약탈을 당하고, 1586년에는 드레이크에 의해 위협받는 등 많은 수모를 겪었다. 카리브해를 휘저으며 사람들의 간담을 서늘하게 만들었던 드레이크의 1586년 항해는 쿠바를 통치한 스페인 식민 시대의 1기가 막을 내리는 계기가 된다고 평가된다. 펠리페 2세가 아바나를 비롯한 식민지 방어 의지를 굳히는 전환점이 되었고, 아바나가 명실상부한 쿠바의 수도로서 그 입지를 굳히기 때문이다(Gott, 33).

외적의 공격에 대비하기 위해 아바나 항구 입구에는 여러 요새가 겹겹이 구축된다. 1577년의 왕실상비군(Real Fuerza) 요새, 1610년에 완공된 모로(Morro) 요새, 1630년의 푼타(La Punta) 요새

〈**그림 3**〉 • 1855년 아바나 항구 입구의 모습.
가까운 요새가 푼타, 건너편에 보이는 것이 모로 요새다.
출처: 위키미디어.

가 그것이다. 그럼에도 1762년에는 영국군의 공격을 받아 아바나가 함락되는데, 스페인은 11개월이 지난 후 플로리다를 영국에 내주는 조건으로 아바나를 되찾을 수 있었다. 영국 침공 때의 약점을 보완하기 위해 지은 것이 1774년 완공된 모로 요새 배후의 카바냐(Cabaña) 요새이다. 시간이 흐르며, 결국 아바나는 아메리카 대륙에서 가장 방비가 튼튼한 도시가 되었다.

플랜테이션 경제와 국민 의식 태동

18세기에 들어와 쿠바의 사탕수수 산업은 더욱 번영을 누렸고 새로운 품종이 도입된 19세기에도 이어졌다. 플랜테이션 농장이 쿠바 전역에 만들어지는데, 그 과정에서 숲이 사라지고 밭이 되었다. 농장이 호황을 누리며 노예 노동력도 더 많이 필요했다. 쿠바 사탕수수 산업의 호황은 장기간에 걸쳐 여러 요인이 복합적으로 작용한 결과이다. 아바나 과두 계층의 든든한 자본, 1778년 스페인 정부의 독점 무역 폐지와 자유무역 시작, 1804년 이웃인 생도 맹그(아이티)의 흑인 독립국 성립에 쫓긴 백인 농장주들의 쿠바 이주와 쿠바 설탕의 미국 수출, 증기기관과 철도의 도입 등이다. 여기에는 계몽 전제군주였던 스페인 국왕 카를로스 3세의 개혁, 그리고 이에 힘입어 1793년 쿠바에 결성된 '나라를 사랑하는 친구들의 경제 단체(A Sociedad Económica de Amigos del País)'의 활동도 빼놓을 수 없다. 젊고 부유한 농장주인 프란시스코 데 아랑고 이 파레뇨(Francisco de Arango y Parreño)가 주도하고 설탕 재벌 27명이 포함된 이 단체는 산업의 근대화와 기술 개발에 진력하면서 사탕수수와 담배 농사의 생산을 증대한다.

그러나 이들이 경제 개발에만 국한된 개혁을 꾀한 것은 아니다. 이들은 유럽 계몽주의 사상을 쿠바에 전파하는 개혁가 역할을 했고(Gott, 43), 식민지 쿠바에 사는 스페인 사람이 아니라 그냥 쿠바인이라는 의식을 갖기 시작한 최초의 세대가 된다(Guerra Vilaboy, 14). 1795년 4월 10일, '쿠바인들(cubanos)'이라는 말을 처음 쓴 사람도 아랑고 이 파레뇨라고 알려져 있다(Núñez Jiménez, 54). 이렇게 형성된 쿠바의 국가 정체성은 19세기 후반에 국가 독립운동으로 전개되는 씨앗이다. 하지만, 아랑고 이 파레뇨를 비롯한 부자 지식인들이 독립을 지향한 것은 아니다. 오히려 그들은 농장과 노예를 소유한 기득권층으로서 쿠바가 스페인 통치하에 존속해야 한다고 믿었다(Guerra Vilaboy, 15). 그들 역시 스페인 식민 당국과 갈등은 깊었으나, 이웃의 생도맹그처럼 '아프리카화'되는 것을 우려했다. 부를 보장하는 노예 제도와 사회 질서를 보장하는 식민 체제에 안주하는 길을 택한 것이다(Martínez-Fernández, 8).

19세기에 들어와 쿠바의 민족주의 사상을 본격적으로 고취한 대표적인 인물은 펠릭스 바렐라(Félix Varela)이다. 쿠바는 쿠바인을 위해 통치되어야 한다고 말한 그는 쿠바 민족 정체성의 선구자이다. 쿠바의 자치와 노예제 폐지를 외쳤으나 반동 정치를 자행하던 스페인의 페르난도 7세에 의해 쫓기며 뉴욕에서 여생을 보낸다. 페르난도 7세의 통치는 쿠바 독립의 움직임이 전환점을 맞는 계기가 된다. 아메리카 대륙의 식민지 대부분을 상실한 스페인이 쿠바를 단지 사탕수수를 생산하는 수탈의 대상으로 취급하자 독립에 대해 온건하고 점진적이었던 개혁가들의 생각도 바뀌는 것이다. 1830년대에 접어들면서, 이들은 쿠바 민족주의를 주장하면서, 농장 소유주인 초기 개혁가들과 달리 식민주의와 노예 제도를 비판하고 나선다(Guerra Vilaboy, 16).

19세기 중반에는 노예제 폐지를 반대하는 나르시소 로페스(Narciso López, 1797-1851)가 주동해서 쿠바의 미국 편입을 주장하는 병합주의(anexionismo)가 한때 기승을 부린다. 노예 노동에 기반을 둔 쿠바의 사탕수수 농장주들과 역시 노예 노동에 의존하던 미국 남부 농장주들의 이해관계가 일치한 결과였다. 남부 농장주들은

〈그림 4〉· 쿠바의 국기. 1849년 나르시소 로페스가 쿠바 원정을 가면서 만들었다.

쿠바를 미국의 새로운 노예주(slave state)로 만들 수 있다는 기대를
한 것이다. 그러나 나르시소 로페스가 쿠바에 침투하다가 붙잡혀
처형당하고, 미국 남북전쟁에서는 남부가 패배하면서 병합주의는
자취를 감춘다. 바야흐로 쿠바의 순수한 독립을 위한 기운이 조성
되었다.

두 개의 독립 전쟁

쿠바의 제1차 독립 전쟁은 1868년부터 1878년까지 지속되면서
'10년 전쟁'이라 부르기도 한다. 시작은 1868년 10월 10일, 변호
사이자 지주인 카를로스 마누엘 데 세스페데스(Carlos Manuel de

Cespedes)가 동부 만사니요 항구 근처의 자기 농장 데마하구아(La Demajagua)에서 공포한 독립 선언, 일명 '야라의 외침(Grito de Yara)' 이었다. 동부의 지주들이 결집한 전쟁은 흑인, 메스티소, 농민들이 합세해 게릴라전 형태로 흘러갔다. 이들은 산토도밍고의 독립 투사였던 후안 맘비의 이름을 따라 맘비세스(mambíses)라 자칭하며 10만여 명의 스페인 군대와 맞서 싸웠다. 독립군을 이끈 지휘관은 도미니카 출신의 막시모 고메스(Máximo Gómez) 장군, 그리고 사병으로 전쟁에 뛰어들었으나 수많은 전과를 올려 일약 장군으로 승진한 안토니오 마세오(Antonio Maceo)였다. 용감하고 카리스마 있는 지휘관인 마세오는 물라토 인종이었기에 '청동 타이탄(Titán Bronce)'이라는 별명으로 불리며 존경받았다.

독립 전쟁은 순탄하게 진행되지 않는다. 병력과 자원이 부족하고 지도부가 분열했으며 1874년에는 스페인군과 맞서던 마누엘 데 세스페데스가 전사하면서 지도자마저 잃었다. 결국 독립 전쟁은 1878년 독립군과 스페인 정부가 산혼 협정(Pacto del Zanjón)을 맺으면서 실패로 끝난다. 스페인은 쿠바인들에게 자치권과 참정권 확대를 약속했다. 노예들을 점진적으로 해방하면서 1886년에는 노예제를 완전히 폐지하기도 한다. 제1차 독립 전쟁은 실패로 돌아갔으나 이를 계기로 쿠바 민족주의가 확고하게 자리 잡았다는 의미를 찾을 수 있다.

제2차 독립 전쟁은 17년 후인 1895년에 시작되어 1898년까지 지속되었다. 이 전쟁을 주도한 사람이 쿠바 최고의 영웅으로 존경받는 호세 마르티(José Martí, 1853-1895)이다. 마르티는 스페인의 식

〈그림 5〉• 미국 뉴욕의 센트럴파크 남문 입구에 있는 호세 마르티 기마상.
출처: 위키미디어.

민 통치에 대한 반감 때문에 추방된 후 스페인, 멕시코, 과테말라 등지를 떠돌다가 미국의 뉴욕에서 15년간 망명 생활을 한다. 그는 교육과 표현의 자유를 옹호하고 독립을 달성하기 위해 계급과 인종의 편견을 버려야 한다고 주장했다. 1892년 호세 마르티는 독립운동에 매진하기 위해 쿠바 혁명당(Partido Revolucionario Cubano, PRC)을 창당한다. 1895년 그는 도미니카 공화국에 가서 막시모 고메스, 안토니오 마세오 장군 등과 혁명을 결의한 다음 4월 11일 쿠바 동부 지방으로 잠입해 전투를 준비한다. 하지만 그는 5월 19일 도스 리오스(Dos rios) 전투에서 말을 타고 돌진하다가 총탄을 맞고 전사한다. 이 전쟁의 첫 전투에서 일어난 일이었다.

호세 마르티가 전사하고 이듬해에는 마세오 장군마저 아바나 전투에서 전사하지만, 막시모 고메스가 건재하고, 동부 지방에서도 칼릭스토 가르시아(Calixto García) 장군이 활약하면서 스페인 군대를 상대했다. 다만 정규군이 아니라 게릴라 형태의 군대로서 중화기가 부족하고 해군도 없어서 많은 한계점도 노출했다. 전쟁이 3년 정도 지속하던 시점에서 밥상에 숟갈을 얹은 나라가 미국이었다. 사실 오래전부터 쿠바섬을 탐내던 미국으로서는 전쟁에 참전할 명분이 없어서 고민이었다. 그러던 차에, 울고 싶은데 뺨 때려 주는 사건이 일어난다. 1898년 2월 15일, 아바나 항구에 정박해 있던 미국 군함 메인호가 폭발하면서 침몰하고 258명의 미군이 사망하는 사건이 발생한 것이다.

미국 황색 언론의 선동과 국수주의적 팽창주의에 떠밀려 결국 미국은 같은 해 4월 21일 스페인에 선전포고한다. 미국-스페인 전쟁의 시작이었다. 이제 전쟁의 성격이 이상한 반전을 맞는다. 같은 적을 대상으로, 쿠바의 독립 전쟁이 미국의 정복 전쟁으로 변질된 것이다(Pérez, Jr, 138). 막강한 신흥 강대국과 종이호랑이의 싸움 결과는 보나마나였다. 이 전쟁에는 시어도어 루스벨트(Theodore Roosevelt)와 레너드 우드(Leonard Wood)가 제1 의용군 기병 연대, 일병 '러프 라이더스(Rough Riders)'를 창설하고 참전해 전공을 세웠다. 루스벨트는 이 명성을 기반으로 훗날 뉴욕 주지사를 거쳐 미국 대통령이 되고, 우드는 쿠바의 미군정 장관이 되었다. 우드 장군은 쿠바를 미국에 편입시켜야 한다는 병합주의자였다. 전쟁에 참전한 미국은 쿠바 독립군과 연합해서 스페인 군대와 싸웠지만, 동맹군을 존중하지 않았고, 전쟁을 종결하는 12월의 파리 평화 회담에도 쿠바 대표는 초대되지 않았다. 미국은 쿠바에 군정(軍政)을 실시하기로 했다. 결과적으로 쿠바는 독립을 성취했으나 반쪽짜리 독립이었다.

미군정과 플랫 수정안

쿠바의 미군정은 1899년 1월 1일에 시작되었다. 초대 군정청 장관, 즉 총독은 존 브룩(John R. Brooke) 장군이 임명된다. 미군정청이 취한 첫 조치는 쿠바 독립군의 무장을 해제시키는 것이었다. 미국이 해외 영토에 군대를 주둔하고 통치한 최초의 사례였다. 미군정이란 말 그대로 미군이 행정, 입법, 사법의 모든 권한을 가지고 해당 국가를 통치하는 형태를 말한다. 이는 해당 지역이 신생국이어서 정부가 부재하거나 패전국이어서 새로운 체제 건설이 필요할 때 쓰이는 방법이다. 우리 대한민국도 해방 후 정확히 3년 동안 미군정을 겪은 바 있다. 미국은 군사정권을 통해 쿠바 경제 구조를 재편하는데, 그 과정에서 플랜테이션 농장과 설탕 산업, 철도 및 항만 시설 등 경제 인프라를 미국 자본이 장악하게 되었다. 이러한 종속 구조는 이후 미국이 조종하는 친미 정권, 즉 바나나 공화국 체제의 기반이 되었다.

일찍이 호세 마르티는 하나의 단일 산품에 의지하는 국가 경제는 무너질 수밖에 없다고 경고한 바 있다. 그러나 미국의 설탕 수요에 의존하는 쿠바 경제는 마르티가 생각했던 바람직한 생산 다변화에 역행하는 것이었다. 마르티는 또한 미국의 제국주의 성향을 최초로 예언하고 경고한 인물이다. 그는 「우리의 아메리카(Nuestra América)」라는 글에서 형제의 땅을 점령한 스페인을 비난하는 동시에 무서운 이웃 미국을 경계한다. 그는 미국의 부도덕한 대중, 팽창주의 전통, 그리고 정치가들의 야심이 겹쳐서 조만간 위협으로 다가오리라 경고하면서 메스티소 아메리카의 단결을 호소한다(Martí, 166-167). 1891년 1월에 이 글을 쓰고 정확히 8년 후 미군이 쿠바 땅에 진주하는 것을 보면 호세 마르티의 통찰력에 놀라지 않을 수 없다.

미군정은 1902년 5월 20일, 제2대 군정 장관인 레너드 우드 장군이 정권을 쿠바에 이양할 때까지 약 3년 5개월 지속되었다. 미군은 쿠바에 주권을 양도하고 떠나면서도 든든한 법적 보험을 드는데, 그것이 바로 플랫 수정안(Platt Amendment)이다. 미군 철수의 전제 조건으로 내걸었던 이 수정안 내용은, 쿠바는 허락 없이 외국과 조약을 체결할 수 없고, 외채를 빌릴 수 없으며, 쿠바의 독립을 보존하고 생명·재산·개인의 자유를 보호하기 위해 미국이 군사적 개입을 할 수 있고, 쿠바는 미국에 해군 기지를 위한 땅을 제공한다, 등이었다. 이는 1901년 쿠바 헌법의 수정안으로 포함된다. 독립 국가의 외교권, 재정권, 군사권 등을 무시한 이 불평등 조약은 한마디로 쿠바를 미국의 실질적인 보호령으로 만드는 것이었다. 아직 존재하는 관타나모의 해군 기지도 이 수정안을 근거로 만들어졌다. '우리의 아메리카'를 덮칠 탐욕을 경계했던 호세 마르티의 불길한 예감이 적중한 것이다(Martí, 127).

쿠바 독립 정부와 미국의 그림자

1902년 5월 20일 쿠바 최초의 공화국이 선포되고 토마스 에스트라다 팔마(Tomas Estrada Palma)가 초대 대통령으로 취임했다. 그에게는 플랫 수정안의 굴레에 있는 쿠바의 주권을 수호하고 국민 정신을 주입하는 가운데, 본격적인 국가 건설(nation building)을 해야 하는 소명이 주어졌다. 그러나 쿠바는 1933년까지 실질적으로 미국의 식민지에서 벗어나지 못했다. 실제로 1906년 쿠바가 극심한 혼란에 빠지자, 플랫 수정안을 근거로 미국이 개입해 1909년까지 제2차 군정이 실시되기도 했다. 이는 쿠바가 사실상 미국의 보호

〈그림 6〉· 겉으로는 쿠바 독립을 응원하면서 플랫 수정안을 강요한 미국의 위선을
풍자한 당시의 만평.

국임을 확인하는 사건이었다. 그와 동시에 쿠바인들 사이에 미국에 반발하는 반미 정서가 싹트는 계기가 되었다. 플랫 수정안은 1934년 선린 외교 정책(Good Neighbor Policy)을 표방한 미국의 프랭클린 루스벨트(Franklin D. Roosevelt) 대통령 때에 와서 비로소 폐지되었다.

그 와중에 쿠바에는 막대한 미국 자본이 들어와 쿠바의 주요 사탕수수 농장과 제당 공장을 장악하면서 설탕 산업이 발전했다. 최신 설비의 공장, 항만 시설, 철도 등이 건설되면서 수출 경제의 기반도 만들어졌다. 미국 내의 고정적인 설탕 수요, 그리고 1914년에 발발한 제1차 세계대전으로 인해 급등한 유럽의 설탕 수요는 급기야 쿠바를 세계 최대의 설탕 수출국으로 발돋움하게 했다. 설탕 산업의 호황 속에 아바나 역시 부유한 관광 도시로 성장했다. 각종 호텔과 유흥 시설이 세워지면서 아바나는 카리브의 보석이라 불렸다. 그러나 다른 한편으로는 노동자·농민들이 부당하게 낮은 임금을 받고 일했고, 농촌에도 혜택이 돌아간 것은 없었기에 지역 간 불균형과 사회적 불평등이 문제로 대두했다. 더 큰 문제는 쿠바 경제가 설탕 산업에 의존하는 취약한 단일 경제 체제를 갖게 되었다는 점이다.

실제로 호황을 누리던 쿠바의 설탕 산업은 세계대전이 끝난 후 1921년이 되자 유럽 설탕 산업의 복구, 미국 설탕의 재고 누적, 설탕 산업에 대한 과잉 투자로 인해 큰 타격을 입는다. 하필이면, 멕시코의 에네켄 농장에서 일하던 288명의 한국인이 쿠바에 들어온 해도 이때이다. 더 나은 일자리를 찾아온 이들이 쿠바에 오자마자

국제 설탕값이 10분의 1로 폭락했고 그 결과 한인 노동자들은 멕시코보다 더 어려운 생활을 영위해야 했다. 쿠바 역시 농장과 은행이 파산하고 국가 재정이 악화하면서 큰 어려움을 겪는다. 미국의 금주법 시행(1920-1933)으로 미국인들이 몰려오면서 아바나의 관광 산업은 호황을 누렸으나 설탕 경제의 붕괴를 상쇄하지는 못했다. 호세 마르티가 경고한 단일 산품 경제의 저주였다.

1924년 대통령 선거에서 헤라르도 마차도(Gerardo Machado)가 당선되었다. 그는 초기에 경제 성장과 근대화를 통해 국가 건설을 이끌었으나 곧 임기를 연장하면서 부패와 독재가 시작했다. 언론과 야당을 탄압하고 정치 폭력이 난무하는 가운데, 1929년 세계공황이 덮치자 나라는 통치 불능의 혼돈에 휩싸였다. 결국 1933년 마차도 대통령은 해외로 도피했다. 권력 공백의 혼란 속에 쿠데타로 정권을 잡은 인물이 32세의 풀헨시오 바티스타(Fulgencio Batista) 상사(Sergeant)였다.

바티스타의 쿠데타는 장교단을 불신하던 부사관들이 주도했기 때문에 '상사들의 반란'이라고도 한다. 1933년에서 1940년까지 바티스타는 대통령의 직함 없이 군사정권의 실권자로서 허수아비 대통령들을 임명하면서 국가를 통치했다. 1940년에는 새로운 헌법하에 대통령에 당선되어 1944년까지 재직했다. 이때만 해도 그는 국가를 발전시키겠다는 개혁가의 면모를 풍겼다. 재선 금지 조항으로 자리에서 물러나 미국에서 생활하던 바티스타는 1952년 다시 대선에 출마했다. 그러나 승리를 확신하지 못한 그는 무혈 쿠데타를 일으켜 정권을 잡고 노골적인 독재자로 변신했다. 바티스타의 쿠데타는 의회 정치를 파괴하고, 같은 해 총선에 출마하려던 한 청년의 희망을 앗아 갔다. 그의 이름은 피델 카스트로(Fidel Castro, 1926-2016)였다.

7월 26일, 혁명의 시작

쿠바 여행을 하다 보면 '7월 26일 운동(Movimiento 26 de Julio)'을 기념하는 표시나 상징물이 많이 보인다. 쿠바에서 이날은 가장 중요한 국경일이다. 실질적으로 쿠바 혁명의 출발점이 되는 날이기 때문이다. 1953년 7월 26일, 피델 카스트로가 이끈 119명의 반란군이 산티아고 데 쿠바의 몬카다 병영(Moncada Barracks)을 공격했다. 이곳은 쿠바에서 두 번째로 규모가 큰 병영이었다. 그러나 엉성한 공격은 처참한 실패로 끝나고 59명이 사살되었다. 피델 카스트로는 겨우 목숨을 부지한 채 체포되었다. 이 공격은 비록 군사적으로는 실패였지만 정치적으로는 성공을 거두었다고 평가된다. 정부군에 의한 잔인한 고문과 불법 처형이 국민적인 분노를 일으키고 혁명 게릴라와 공감하는 여론이 형성되었기 때문이다. 또한 피델 카스트로가 재판정에서 "역사는 나를 무죄로 풀어줄 것이다"라고 행한 유명한 자기 변론 덕분에 그는 일약 전국적인 인물로 부상했다. 피델은 15년 형을 선고받지만 22개월 후인 1955년 2월, 대통령에 재선된 바티스타에 의해 사면되어 석방되었다.

　1955년 7월 멕시코로 추방된 피델 카스트로는 그곳에서 동지들을 규합해 7·26 운동을 조직해 체계적인 군사 훈련을 받았다. 멕시코에서는 역사를 바꾼 운명적인 만남도 있었다. 아르헨티나 출신의 혁명가 에르네스토 체 게바라가 피델 카스트로와 의기투합하며 투쟁에 합류한 것이다. 1956년 12월 2일, 82명의 혁명군이 소형 요트 '그란마'를 타고 쿠바 동부, 현재의 그란마주 해안에 상륙한 후 시에라 마에스트라 산맥에 잠입해 게릴라 활동을 시작했다. 그 과정도 순탄치는 않았다. 상륙하고 산에 들어가는 과정에서 정부군과 교전이 벌어져 혁명군 26명이 사살되었다. 깊은 산속에 기지를 차린 혁명군은 민심이 떠난 바티스타 정권의 군대와 전투를 치르며 점차 세력을 키웠고, 1958년 봄이 되면서 동부 산악지대를 모두 장악하기에 이르렀다.

동부의 산악 게릴라 투쟁과 함께 도시 게릴라 활동도 전개되었다. 특히 1957년 3월 13일, '혁명학생지도부(Directorio Revolucionario)'의 무장한 대원들이 아바나 한복판의 대통령궁을 기습했다. 비록 공격은 실패했고 지도부인 아바나대 총학생회장 호세 안토니오 에체베리아(José Antonio Echeverría)도 사살되었지만, 수도 한복판에서 일어난 이 투쟁은 당시 정권의 도덕적 취약성과 떠나간 민심을 확인시키는 사건이었다. 또한 이를 계기로 학생이 주도하는 도시 게릴라와 피델이 주도하는 산악 '털보(barbudos)' 게릴라들의 연계 활동이 강화되면서 바티스타의 몰락을 재촉했다. 미국도 이제 바티스타 정권에 대한 신뢰를 상실하고 서서히 발을 빼기 시작했다.

이후 혁명군은 정부군을 상대로 계속되는 전투에서 승리를 거

〈**그림 7**〉• 왼쪽부터 빌마 에스핀(라울의 부인), 피델 카스트로, 라울 카스트로, 셀리아 산체스(피델의 최측근 혁명 투사). 피델은 2004년 인터뷰에서 이들을 혁명 4인방이라고 꼽았다. 그 뒤로 그가 꼽은 4인방은 체 게바라, 아이데 산타마리아, 프랑크 파이스, 그리고 카밀로 시엔푸에고스이다.

두면서 중부 지역으로 세력을 확장했다. 특히, 체 게바라가 이끄는 부대가 1958년 12월 30일 아바나를 향해 진격하다가 산타클라라에서 결정적인 승리를 거두었다. 약 1개 대대, 즉 400여 명의 정부군 병력과 무기를 싣고 동부로 향하던 군용 기차를 탈선시킨 후 전투를 벌여서 항복을 받아낸 것이었다. 삽시간에 전국으로 퍼진 이 소식은 정규군의 허약한 실체를 드러내고 정부군 사기를 떨어

트렸다. 그리고 바티스타 정권의 심리적 마지노선을 무너트리는 트리거가 되었다. 1959년 1월 1일 새벽 2시, 바티스타 대통령이 도미니카공화국으로 탈출하면서 정권이 무너졌다.

혁명의 쿠바

혁명이 성공한 후 피델 카스트로는 1월 8일 아바나에 입성하면서 수많은 인파의 환영을 받으며 개선 행진을 했다. 피델은 형식상으로 마누엘 우루티아(Manuel Urrutia)를 대통령으로 앉혀 놓고 자신은 총리로서 혁명 정부의 개혁 정책을 시행했다. 높은 임대료를 낮추어 주거권을 보장하고, 국산품 소비 운동을 벌여서 수입을 억제하고 국내 산업을 육성하며, 사회보장제도를 모든 노동자에게 확대해 노동자 권리를 보호했다. 보건 개혁으로 쿠바의 영아 사망률이 급감하고 평균 수명은 선진국 수준으로 높아졌다. 또한 전 국민에게 교육의 기회를 확대하는 동시에, 1961년에는 대규모 문맹 퇴치 운동을 벌여 25% 이상이던 문맹률이 3%대로 떨어지는 성과를 거두었다. 흔히 쿠바 혁명 정부의 성과로 제시되는 여섯 가지 부문이 토지, 주택, 산업화, 일자리, 교육 그리고 보건인데, 이 가운데 교육과 보건은 혁명의 대표적인 성과로 간주한다. 그러나 혁명 초기에 가장 큰 사회적 파급력을 가져온 것은 토지 개혁이었다.

1959년 5월 17일에 단행된 토지 개혁은 근본적으로 사회 구조를 바꾸는 혁명이었다. 피델 카스트로는 자신이 직접 관장하는

'국립토지개혁기구(Land reforms by country, INRA)'를 만들어, 경작하는 사람이 땅을 갖는다는 원칙을 세우고 개혁을 단행했다. 일정 면적(1,000에이커) 이상의 대지주와 외국 기업 소유의 토지가 몰수된 후 농민들에게 분배되었고, 1963년 제2차 개혁 때는 면적 상한이 더 축소되어 사실상 대부분 토지가 국유화되고 농업은 국영 농장 체제로 변했다. 토지 개혁은 소작농을 없애고 사회적 불평등이 줄어들었다는 긍정적 효과는 있었으나 부정적인 면도 많았다. 관료적 마인드로 운영하다 보니 농업 생산성이 떨어졌고 식량 부족 문제가 생겼으며 사탕수수에 의존하는 쿠바 경제의 고질적 문제가 변하지 않은 것이다. 더 큰 문제는 미국과의 관계 악화였다.

혁명이 성공한 1959년, 소련은 쿠바의 카스트로 정권을 인정했고, 무역 협정을 맺었다. 쿠바는 설탕을 소련에 파는 대신 소련에 차관과 기름을 받았다. 그런데 쿠바에 있는 미국의 정유 회사들은 소련산 원유의 정제를 거부했다. 1960년 6월에서 9월 사이, 카스트로는 이에 대한 보복으로 미국의 정유사, 설탕 공장 등의 제조업과 금융, 전기, 철도 등의 기업들을 몰수하고 국유화했다. 아이젠하워 대통령의 임기가 끝나기 17일 전인 1961년 1월 3일, 미국은 쿠바와 외교 관계를 단절하고 경제 봉쇄 정책을 취했다. 이 봉쇄는 지금도 해제되지 않았다.

민주당 출신의 케네디 대통령이 취임했지만, 쿠바와 미국의 긴장 관계는 더 증폭되었다. 1961년 4월 15일, 미국은 쿠바의 비행장을 폭격하고 이틀 후에는 CIA 훈련과 지원을 받은 1,400명의 쿠바 망명 군대가 쿠바 남서부의 코치노스만(Bahía de Cochinos), 영어로 피그만(Bay of Pigs)에 상륙했다. 멀지 않은 에스캄브라이 산맥에 자리 잡은 반혁명군과 합류해 카스트로 정권을 전복시키려는 작전이었다. 그러나 작전은 처참하게 실패하고, 기대했던 쿠바 내의 반란도 일어나지 않았다. 오히려 이를 계기로 쿠바인들의 결속이 더 강화되고 피델 카스트로의 입지는 공고해졌다. 피델은 폭격 이튿날, 일곱 명의 전사자 장례식을 치르면서 처음으로 "쿠바는 사회주의 국가"라고 천명한다. 사회주의는 쿠바 혁명의 원인이 아니라 결과였다.

피그만 침공 다음해에는 쿠바에서 세계를 떨게 만드는 사건이 일어났다. 소련이 미국 본토 대부분을 사정권 안에 두는 중거리 탄도 미사일을 핵탄두와 함께 쿠바에 비밀 배치한 것이 드러난 것이다. 추가 무기를 배에 싣고 대서양을 통해 쿠바로 향하는 소련과 이를 차단하기 위해 해상 봉쇄를 명한 미국이 대치한 13일(1961년 10월 16일-10월 28일)은 제3차 세계대전과 핵전쟁에 가장 근접했던 시기다. 결국 미국이 쿠바를 침공하지 않겠다고 약속하고 터키의 미국 미사일 기지도 철수하겠다는 명분을 주자 소련의 지도자 흐루쇼프(Nikita Khrushchev)도 미사일을 철수했다. 쿠바로서 국가 안전은 보장되었으나 이후 정치, 경제, 군사적으로 소련 의존도는 더 심화했다. 어느새 쿠바는 한반도와 마찬가지로, 냉전의 최전선에 있는 나라가 되어 버린 것이다.

쿠바는 이후에 사회주의 동맹의 일원으로 충실한 '국제주의 의무'를 수행했다. 소련과 군사 동맹 관계를 맺고, 앙골라 및 에티오피아 사회주의 정권을 위해 파병하는 한편, 주로 제3세계를 대상

으로 의료와 교육 등의 인도주의 지원에도 활발히 나섰다. 체 게바라는 볼리비아에서 '혁명 수출' 활동을 했으나 1967년 사살되면서 혁명의 순교자가 되었다. 쿠바는 반제국주의 연대를 주창하며 비동맹 운동의 중심 국가 역할을 떠맡기도 했다. 그 와중에 국내 정치는 이념적으로 더 경색되었다. 피델은 이미 1961년 국립 도서관에 작가와 지식인들을 불러 모아서 "혁명 안에서는 모두 가능하지만, 혁명에 반하면 아무것도 없다"며 표현의 자유를 경고하는 연설 「지식인들에게 고함(Palabras a los intelectuales)」을 했고, 1971년에는 작품 내용을 문제 삼아 시인인 에베르토 파디야

(Heberto Padilla)를 투옥시키면서 세계 지식인들의 항의를 받았다. 1980년에는 경제적 어려움과 정치적 억압에 불만을 느낀 12만 5천 명의 쿠바인들이 마리엘항을 통해 미국으로 빠져나가는 탈출 행렬이 이어지기도 했다. 알 파치노가 주연한 영화 〈스카 페이스〉는 그때 쿠바를 벗어난 주인공의 아메리칸드림을 그린 영화다.

특별 시기와 고난의 행군

1989년 베를린 장벽이 무너지고 2년 후에는 소비에트 연방이 해체되었다. 소련의 원조에 크게 의존했던 쿠바에 심각한 위기가 덮쳤다. 소련을 포함한 동유럽 공산권의 붕괴로 쿠바는 교역량의 75%를 상실했다. 소련이 보내주던 원유 원조는 53% 줄어들었고 국민총생산(GDP)은 35% 감소했다. 석유가 부족해지자 운송 수단을 위해 200만 대의 중국제 자전거를 수입했고 우마차 간이버스를 운행했으며 자전거 인력거도 등장했다. 또한 농경을 위해 3만 대의 소련 트랙터 대신 30만 마리의 소를 투입했다(Gott, 292). 비료와 농약이 부족해 농업 생산이 저조하고 식량 수입마저 줄어들자, 영양 결핍 현상이 일어났다. 어려운 식량 사정을 고려한 '봉쇄 시기의 닭고기 요리법'이라는 웃지 못할 조리법도 개발되었다. 국민 평균 체중이 5킬로그램 이상 감소했다는 말도 있을 정도였다.

1991년 12월, 피델 카스트로는 국가적인 위기를 맞아 '평화 시대의 특별 시기(Período Especial en Tiempo de Paz)'를 선포하면서 국민

단합과 위기 극복을 호소한다. 이와 함께 특별한 시기에 맞는 특별한 개혁 정책을 시행했다. 우선 당 정치국에 젊은 개혁파 인사들을 수혈해서, 사회주의 체제에서 벗어나지 않는 한도 내에서 경제 개혁을 주도했다. 그 결과 1993년에 나온 조치가 달러 사용 자유화, 외국인 투자 허용, 관광 산업 개방, 그리고 자영업을 허용하는 조치였다. 달러 사용을 넘어 해외 송금도 허용하고, 외국인 투자를 위한 자유 무역 지대를 만들며, 외국인 소유권을 인정하고, 식당(paladar), 여관(casa particular), 택시, 미용실 등의 자영업을 허용하는 이 조치는 부분적이나마 시장 경제의 도입을 의미했다. 이 모두가 생존을 위한 외화와 식량 확보를 위한 것이었다. 혁명 당시 관광 산업을 죄악시했던 쿠바 정권은 이를 '사회주의에 봉사하는 자본주의'라고 에둘러 말했다.

개방 정책에도 불구하고 쿠바 경제의 상황이 나아진 것은 아니었다. 1994년에는 극심한 생활고를 겪는 쿠바인들이 1980년의 마리엘 사태에 이어 쿠바를 대거 떠나는 일이 벌어졌다. 피델 카스트로도 떠나는 사람은 막지 않겠다며 사실상 손을 놓았다. 이에 1994년 여름에서 가을 사이에 약 35,000명의 쿠바인이 뗏목을 타고 플로리다로 빠져나갔다. 이들 '뗏목 난민들(Balseros)' 사태는 특별 시기의 절정이었다.

쿠바가 '특별 시기'에 들어가자, 피델 카스트로 정권의 존속에 대해 세계적인 관심이 쏠렸다. 그렇지 않아도, 비슷한 시기(1989)에 미국이 파나마에 군대를 투입해 최고 실력자였던 마누엘 노리에가(Manuel Noriega) 장군을 제거한 여진이 채 가시지 않았을 때였다. 극심한 어려움에 빠진 쿠바는 과연 어떻게 될 것인가? 그러나 1992년 5월 19일 조지 부시(George H. W. Bush) 대통령은 "카스트로 독재는 버티지 못할 것"이라고 말하며 쿠바가 저절로 무너지리라 예상했다. 34년 후, 베네수엘라의 마두로 대통령을 체포한 트럼프 대통령은 다음 목표로 꼽히는 쿠바에 대해 "저절로 무너질 것"이라고 말한다. 변치 않는 미국의 모습은 완벽한 데자뷔가 아닌가? 그러나 쿠바는 강인한 복원력(resilience)으로 '특별 시기'를 살아남았고, 이에 미국은 법률을 통해 이 작은 섬나라를 더 압박했다.

미국 기업의 해외 자회사라 할지라도 쿠바와 거래하면 안 된다는 1992년의 「토리첼리(Cuban Democracy Act) 법」, 그리고 쿠바 혁명 때 몰수당한 미국 재산을 이용하는 외국 기업이 있으면 제재하고 손해배상을 청구하겠다는 1996년의 「헬름스–버튼(Cuban Liberty and Democratic Solidarity Act) 법」은 미국의 대쿠바 경제 봉쇄를 강화한 핵심 법률이다. 결과적으로 이 법률들은 쿠바에 큰 압박이 되기는 하지만 체제 변화에는 성공하지 못했다는 평가가 일반적이다. 또한 제3국의 기업까지 제재 대상으로 하는 과도한 범위에 대해서 국제적인 비판과 반발도 적지 않다. 이에 유엔 총회는 1992년 이래 매년 미국의 대쿠바 봉쇄를 종료하라는 결의안을 채택했다. 가장 최근인 2025년 10월 29일의 투표에서도 찬성 165표, 반대 7표, 기권 12표로 결의안이 통과되었다. 그러나 그렇지 않아도 유엔을 무시하는 트럼프 대통령에게는 마이동풍일 것이다. 대한민국은 이 투표에서 늘 기권하다가 2018년부터 인도적인 관점에서 찬성표를 던졌다. 2024년 대한민국과 쿠바의 수교에 좋은 영향을 미친 요인 중의 하나다.

미국 수교와 포스트-카스트로 시대

'특별 시기'를 맞아 시행한 개혁 조치로 쿠바 경제는 1990년대 말 회복세를 보였다. 여기에 더해 뜻밖의 귀인이 나타났다. 베네수엘라의 우고 차베스(Hugo Chávez, 1954-2013) 대통령이다. 세계 최대의 석유 매장량을 가진 산유국 베네수엘라는 쿠바와 사회주의 연대의 일원으로 쿠바에 원유를 제공하고, 의료·교육·안보 인력 및 프로그램을 받는 교류 협정을 체결해 쿠바의 숨통이 트이게 했다. 베네수엘라는 카리브해 국가들에 석유를 공급하는 에너지 협력 동맹인 페트로카리베(Petrocaribe)를 통해 좌파 연대를 결성했는데, 쿠바는 그 핵심 구성원이었다.

2006년 어느덧 80세를 맞은 국가평의회 의장 피델 카스트로가 건강이 악화하자 수석 부의장이자 국방부 장관인 라울 카스트로(Raúl Castro, 1931-)에게 임시로 정권을 이양했다. 2008년 2월 24일, 라울 카스트로는 형에게 완전한 권력을 이어받아 국가평의회 의장으로 선출되면서 쿠바의 새로운 지도자가 되었다. 피델이 공식 무대에서 퇴장했지만 라울 카스트로는 안정적으로 권력을 승계했고 큰 잡음도 없었다. 이는 아직 건재한 혁명 1세대 인물들이 라울 체제의 주축으로 포진해 체제의 연속성을 유지했기 때문이다.

〈그림 9〉・쿠바와 베네수엘라의 우호 관계를 상징하는 차베스의 모습.
쿠바의 화가 호세 푸스테르의 작품이다.
출처: 위키미디어.

2010년대에 들어서면서 라울 카스트로는 경제적 난관을 극복하기 위해 제한적이나마 경제 개혁을 단행했다. 식당과 숙박업 등의 자영업을 확대 허용하고, 개인의 농지 임대 규모를 확대하며, 국영 기업의 구조조정을 실행하고, 외국인 투자를 더욱 적극적으로 유치하는 등 시장 경제 시스템을 좀 더 확대하는 조치였다. 전체적으로 보면, 이는 중국과 베트남의 시장 사회주의를 일부 벤치마킹해 도입하는 양상을 띤다. 라울 카스트로는 자국민의 해외여행도 자유화한다. 예전에는 해외여행을 위해 '출국 허가'를 의미하는 '하얀 카드(carta blanca)'를 발급받아야 했는데, 이제는 몇 가

〈그림 10〉 · 2016년 3월 쿠바를 방문한 버락 오바마와 회담하는 라울 카스트로.

지 제한 사항을 빼놓고 모든 쿠바인이 출국할 수 있다.

한편, 라울 카스트로 정권은 외교적으로 커다란 성과를 거두는데, 바로 미국과의 수교이다. 양국은 2014년 관계 정상화 합의를 발표하고 2015년 7월 외교 관계를 정식으로 재개한다. 1961년 단절된 관계가 54년 만에 복원된 것이다. 오바마 대통령은 2015년 7월 1일의 수교 기념 연설에서, 자기가 태어난 1961년에 단절되었던 관계가 너무 오래 지속되었다면서 "앞으로는 더 나은 미래가 놓여 있다"라고 말했다. 이와 함께, 양국 대사관이 상대국에 설치되고 여행 제한은 완화되었으며 송금도 확대되었다. 2016년 3월 20일에는 버락 오바마 대통령이 쿠바를 방문했다. 하지만 오바마의 희망 섞인 미래는 아직 실현되지 않았다.

2016년 11월 25일 피델 카스트로가 세상을 떠났다. 긍정적이든 부정적이든 60년 가까이 쿠바 역사의 중심이었던 거인의 퇴장이었다. 장례식에는 많은 쿠바 국민이 운집해서 고인을 추모했다. 라울 카스트로에게 권력이 승계된 이후 체제가 비교적 안정되어 있었기 때문에 그의 죽음에 따른 정치적 혼란은 없었다. 문제는 카스트로가 세상을 떠나기 17일 전에 있었던 미국의 대선이었다. 공화당 후보 도널드 트럼프가 민주당의 힐러리 클린턴을 물리치고 제45대 미국 대통령에 당선된 것이다.

트럼프 대통령이 취임하면서 한동안 해빙되는 경향을 보이던 쿠바와 미국 관계는 급속히 냉각되었다. 트럼프 대통령은 오바마 대통령이 취했던 정책을 뒤집고 미국민의 관광 금지, 송금 제한, 경제 제재 강화 조치를 하고, 퇴임 직전에는 쿠바를 다시 테러 지원국(State Sponsor of Terrorism)으로 지정하면서 쿠바를 압박했다. 그 와중에 아바나의 미국 대사관 직원들이 음파 공격을 받았다는 주장이 제기되면서 양국 외교 관계는 더 악화했다.

그러는 동안 쿠바 정치에도 큰 변화가 생겼다. 2018년 미겔 디아스 카넬(Miguel Díaz Canel)이 국가평의회 의장 자리를 라울 카스트로에게 물려받았고, 2019년에는 헌법 개정에 따라 간선 대통령제가 부활하면서 대통령으로 취임했다. 2021년에는 역시 라울 카스트로에게 쿠바 공산당 제1서기 자리까지 물려받으며 완전한 권력 이양이 이뤄졌다. 기술 관료 출신인 디아스 카넬은 쿠바 혁명 이후 카스트로 형제가 아닌 최초의 국가 지도자이며, 혁명 1년 후

(1960)에 태어난 인물로서 쿠바 정치의 세대 교체를 의미한다. 그러나 그는 해결해야 할 산적한 과제를 안았다. 2021년 7월, 경제 위기로 인해 생활고에 시달리는 국민의 대규모 시위가 전국에 발생했고, 쿠바를 떠나는 대규모 이민이 급증했다.

바이든 행정부(2021-2025) 시절에 잠시 완화되었던 쿠바와 미국의 관계도 제2기 트럼프 행정부가 들어서면서 다시 악화하는 경향이 반복되었다. 특히 2026년 1월 3일, 미군이 베네수엘라에 투입되어 마두로 정권이 붕괴한 것은 쿠바에 큰 타격이었다. 베네수엘라는 차베스 대통령 시절부터 쿠바에 석유를 제공하고, 그 대신 쿠바는 베네수엘라에 의료, 교육, 그리고 군사 인력을 제공하는 상호 의존적 전략 동맹국이다. 트럼프 대통령은 이러한 양국 관계를 단절시키겠다고 공언하면서 쿠바로 향하는 유조선도 봉쇄했다. 그의 궁극적 목표는 쿠바 공산주의 정부의 붕괴이다. 식량과 연료, 그리고 외화가 부족하고 전력난에 시달리며 베네수엘라의 지원마저 끊기는 상황에서 쿠바가 위기를 극복하고 또다시 강인한 회복력을 보일 것인지 세계적인 주목을 받는다.

쿠바 역사와 생태계의 변천

쿠바의 생태계는 모든 나라가 그렇듯이 역사와 밀접한 관련을 맺고 변화해 왔다. 특히 쿠바는 카리브에서 가장 생물다양성이 높은 섬 가운데 하나였지만, 식민지 경제, 노예 제도, 독립 혁명, 쿠바 혁명에 이르기까지 숨가쁜 역사를 겪으면서 생태계가 변해 왔다. 콜럼버스의 도착 이전 쿠바섬은 고도로 안정된 자연 생태계를 유지했다. 인구가 적고 농업 규모도 작으며 가족이 먹을 만큼만 경작하는 자급자족 농업이기에 대규모 삼림 파괴도 없었다. 둔덕에 경작하고, 혼합 작물을 재배하며 토양 복원력을 고려하는 이 농업을 코누코(conuco)라고 부르는데, 오늘날 생태 농업의 원형으로 재평가한다. 한편 이 시기의 쿠바 생물다양성을 보면, 대형 포유류가 거의 없고 조류와 파충류 중심의 생태계여서 고유종이 풍부하게 유지된다.

원형에 가깝게 보존되던 섬의 생태계는 유럽인의 도래와 함께 망가지기 시작한다. 스페인 제국주의는 예외 없이 숲의 파괴와 함께 시작했다. 또한 스페인이 도입한 소, 말, 돼지 등의 가축이 야생화되면서 생태계 균형이 무너지기 시작했다. 가축의 목초지를 확보하기 위해 더 나무를 잘라야 했고, 외래종 식물도 확산하기 시작했다. 특히 염소와 돼지는 섬 생태계에 치명적인 해를 끼쳤다. 대형 포식자가 없어서 빠르게 번식하면서 식물 뿌리를 파헤치고 어린 나무도 먹어치운 바람에 토양이 나빠지고 숲이 사라지고만 것이다. 그 결과 성숙한 원시림들이 사라지고 많은 동식물 종이 멸종하는데 이를 가리켜 '대청소', '숲의 죽음'이라 부른다(불렛, 27). 영국의 생태 비평가 조나단 베이트가 식민화는 산림 벌채를 동반한다고 말했듯이(Bate, 87), 제국주의와 생태계 파괴는 동전의 양면처럼 함께 나타났다.

쿠바의 생태계 변화는 식민 체제가 완비된 이후 사람과 동식물

의 이주 및 이식으로 더 가속화했다. 특히 18-19세기 전성기를 맞
는 설탕 플랜테이션 시대는 생태계 붕괴 수준의 변화가 일어났다.
어떤 지역이든 사탕수수 농업이 들어온다는 건 숲의 소멸을 의미
했기 때문이다(장수환, 185). 플랜테이션이 확장하고 설탕 공장 연
료용 목재 사용이 늘어나며 철도 건설용 목재 수요까지 일어나자,
대규모 삼림 벌채가 이어졌고 19세기 말이 되면 쿠바 서부의 숲
이 대부분 소실되고 마는 것이다. 또한 대규모 노예 노동에 기반
하는 사탕수수 단일 작물 경제로 인해 토양이 악화하고 생물다양
성이 급감하는 상황이 되었다.

　20세기에 들어와 미국이 쿠바에 절대적인 영향을 끼치는 가운
데, 쿠바는 미국 시장을 위한 설탕 공급지가 된다. 미국 기업이 쿠
바의 설탕 산업과 토지를 대규모로 소유하고 자본을 투자하면서
대형 농장이 확대되고 도로, 철도, 항만 등의 교통 인프라도 확장
되었다. 미국 시장을 위한 맞춤형 설탕 단일 작물 경제는 쿠바 자
연 생태계를 근본적으로 재구성한 시기라고 평가된다. 설탕뿐만
아니라 대규모 목장의 방목과 초지 확대는 토양 침식과 숲의 상
실을 앞당긴다. 게다가 미국인의 관광 붐이 일으킨 아바나 발전은
호텔, 카지노, 리조트 등의 시설을 짓느라 해안 지형을 변화시키
면서 도시 생태계도 변화시킨다. 이때 맹그로브 숲이 감소하고 산
호초 오염이 증가하는 등 해안 생태계의 피해가 발생한다.

　쿠바 혁명은 생태계에도 물론 큰 영향을 미쳤다. 혁명 초기, 쿠
바는 이전과 다름없는 사탕수수 의존 경제를 지속했다. 그렇지 않
아도 산업 기반이 약한데, 미국과 경제를 단절하고 경제 제재까

〈그림 11〉・1900년경에 촬영한 쿠바의 플랜테이션.

지 받는 상황에서 외화를 확보할 현실적인 방법은 역시 설탕 생산밖에 없었다. 그 결과 쿠바 정부는 이전과 차이 없는 고투입 농법(High-input Agriculture)을 시행했다. 이는 화학 비료, 농약, 노동력 등 자원의 다량 투입으로 생산성을 극대화하는 관행적인 농업 방식이다. 그 결과 수확량은 높일 수 있었으나, 환경 오염, 토양 파괴, 온실가스 배출 증가 등의 부작용이 생겼다.

쿠바가 지속가능한 정책으로 전향하는 것은 소비에트 연방과 동유럽 사회주의가 붕괴한 이후, 즉 1990년대의 '특별 시기' 때였다. 고투입 농업을 위한 기름과 화학 비료의 수입이 중단되고 농업 시스템이 붕괴할 위기에 처하자, 부득이하게 도시 농업을 비롯한 생태 농업 정책을 택한 것이다. 따라서 이는 특수 상황에 의해 강제된 전환이라 할 수 있다. 그럼에도, 정책 전환의 결과, 생태계가 회복되는 모습을 보이면서 쿠바 농업은 국제적으로 '지속가능 모델'로 주목받기에 이르렀다. 농업뿐만 아니라 생태 관광 등 다른 산업에도 쿠바의 지속가능 정책은 일관되게 추진되었고, 생태계와 생물다양성 보전을 위해서 노력했다. '특별 시기'의 역경이 생태학적으로는 오히려 큰 도움이 된 것이다. 저개발의 역설이라 할 수 있다.

역사와 동조 현상을 보이는 쿠바 생태계의 변화를 볼 때, 우리는 자연 생태계가 단순한 풍경이 아니라 역사적 흔적이 반영된 문서라는 생각이 든다. 이와 관련해, 영국의 역사 지리학자 윌리엄 조지 호스킨스(W. G. Hoskins)는 풍경이 여러 시대의 인간 활동이 겹겹이 남아 있는 역사적 기록이라고 생각하고 경관 전체의 배후에 깃들어 있는 논리를 파헤친다(호스킨스, 58). 쿠바의 푸네스 몬소테(Reinaldo Funes Monzote) 역시 쿠바와 관련해 비슷한 말을 한다. 그는 쿠바의 풍경이 정치경제 체제 변화가 남긴 역사적 흔적을 읽을 기록이라고 생각하고 『쿠바의 우림에서 사탕수수밭으로(*From Rainforest to Cane fieled in Cuba*)』라는 책을 쓴다. 그는 쿠바의 울창한 우림이 어떻게 대규모 삼림 벌채를 동반하는 설탕 산업에 의해 사탕수수 초원으로 변하는지 연구하면서, '1492년 이후의 환경사'라는 부제를 붙였다. 이렇게 극적인 역사 기록을 보관하는 쿠바의 자연은 세계적으로 생태학적 양피지(ecological palimpsest) 현상이 가장 잘 나타나는 지역 가운데 하나일 것이다.

제 3 장

쿠바의 문화와 정신 생태계

기억의 서사화와 가치관의 형상화

문화란 한 공동체를 다른 공동체와 구별해 주는 정체성의 표지라
할 수 있다. 이는 "우리는 누구인가?"라고 묻는 존재론적 물음이
고, "우리는 어떻게 살아왔는가?"라고 묻는 역사의 압축 파일이며
"우리는 무엇을 중요하게 여기는가?"라고 묻는 가치관의 표현이
다. 따라서 문화를 이해하는 것은 공동체의 자기 이해 방식을 이
해하는 것이고 공동체의 정치, 경제, 그리고 사회 질서를 이해하
는 것이며, 공동체가 선택할 미래를 보여 주는 것이다. 개인주의
문화와 공동체 중심 문화가 다르듯이, 경쟁을 정당시하는 개발 중
심 문화와 지속가능성을 중시하는 생태 중심 문화는 다가올 미래
가 다를 수밖에 없기 때문이다. 이런 의미에서 문화는 정체성이
형성될 뿐만 아니라 문화 연구(Cultural Studies)의 명제대로, 의미가

생산되고 권력이 작동하는 장(場)이다.

문화가 정제된 표현을 통해 의미를 생산하는 대표적인 장치가 문학과 예술이다. 문학은 공동체의 기억을 서사화해 문화의 내면 구조를 보여 주는 언어적 구조물이고, 예술은 그 공동체의 정서와 가치관을 감각적으로 보여 주는 비언어적 구조물이다. 역사를 통해 보았듯이, 쿠바는 특수한 지정학적 위치로 인해 정복과 식민지, 문명의 교차로, 혁명과 전쟁 등의 파란만장한 역사가 응축되고 형상화되어 풍요로운 문학과 예술을 산출했다. 특히 역사의 중심 무대였던 아바나는 라틴아메리카의 중요한 문화적 거점 가운데 하나로서, 쿠바의 기억을 서사화하고 정서를 형상화하는 창조적인 작가와 예술가의 요람이었다.

대표적인 예만 들어본다면, 쿠바 독립의 아버지인 호세 마르티는 문학적으로는 라틴아메리카의 문학적 독립 선언인 모데르니스모(modernismo) 시파를 선도한 시인이었고, 니콜라스 기엔(Nicolás Guillén)은 '검은 시(poesía negra)'를 개척해 아프로쿠바 문화를 재생하고, 이를 통해 쿠바의 국가 정체성을 재구성하려고 했던 국민 시인이었다. 쿠바는 또한 라틴아메리카에서 바로크 및 네오바로크 문체를 보여 주는 작가들을 가장 많이 배출한 나라다. 알레호 카르펜티에르(Alejo Carpentier), 호세 레사마 리마(José Lezama Lima), 세베로 사르두이, 기예르모 카브레라 인판테(Guillermo Cabrera Infante) 등은 라틴아메리카의 네오바로크 미학을 대표하는 쿠바 출신의 작가다. 한편, 대표적인 현대 작가인 레오나르도 파두라(Leonardo Padura)는 아바나에 거주하면서, 혁명 이후 사회의 모순과

〈그림 1〉・아바나 거리의 보도에 깔린 아멜리아 펠라에스 작품, 〈5월의 살롱〉.

출처: 위키미디어.

피로를 서사화하는 소설가이다.

쿠바는 회화에서도 세계적 화가들을 배출했다. 아멜리아 펠라에스(Amelia Peláez)는 유럽 아방가르드 미학을 쿠바적인 색채와 공간으로 변형해 쿠바 모더니즘 회화를 창조한 화가로서 쿠바 정체성을 시각적으로 재정립했다는 말을 듣는다. 위프레도 람(Wifredo Lam) 역시 파리에서 유학해 아방가르드 미학의 영향을 받지만, 아프리카·카리브 문화 기억을 결합해 탈식민주의적 현대 미술을 개막한 화가다. 뉴욕현대미술관(Museum of Modern Art, MoMA)에 있는 걸작 〈정글(La jungla)〉은 큐비즘과 초현실주의 기법이 쿠바적으로 변용된 최초의 탈식민주의 현대화라고 간주한다. 그밖에, 식민 시대 건축물을 과잉 장식과 색채를 통해 표현해 아바나 정체성을 나타낸 레네 포르토카레로(René Portocarrero), 호세 마르티나 체 게바라 등 혁명 아이콘 초상을 팝아트 형식으로 형상화한 라울 마르티네스(Raúl Martínez), 현대 화가로서 아프리카·카리브 상징을 현대 미술과 결합해 위프레도 람의 계보를 잇는 호세 베디아(José Bedia) 등이 있다.

쿠바 예술에서 영화는 뺄 수 없는 장르다. 쿠바 영화가 황금기를 맞은 것은 혁명 직후 쿠바영화예술산업기구(Instituto Cubano del Arte e Industria Cinematográficos, ICAIC)를 만들면서다. 산티아고 알바레스(Santiago Alvarez)는 〈하노이, 13일의 화요일〉 등 사회주의 리얼리즘과 기술 혁신이 조화된 기록영화를 만들었고, 움베르토 솔라스(Humberto Solás)는 쿠바 역사의 세 맥락 속에 처한 여성의 삶을 실험적 형식을 통해 재현한 〈루시아〉 3부작을 만들었다. 훌리오 가르시아 에스피노사(Juan García Espinosa)의 〈후안 킨킨〉은 어설픈 주인공을 내세워, 혁명을 신화화하지 않고 민중 코미디로 재해석한 실험 영화다. 한편 토마스 구티에레스 알레아(Tomás Gutiérrez Alea)의 〈저개발의 기억〉은 퇴폐적 지식인의 모습을 통해 혁명의 의미를 고찰한 걸작이다. 파디야 사건 이후 침체기를 겪은 쿠바 영화는 '특별 시기' 이후 원로와 신예가 조화를 이루며 창의적 작품을 재산출한다. 예를 들어, 구티에레스 알레아는 후안 카를로스 타비오(Juan Carlos Tabío)와 함께 쿠바 동성애 문제를 다룬 〈딸기와 초콜릿〉을, 1995년에는 마지막 작품이 된 〈관타나메라〉를 만들었

〈그림 2〉·1930-1940년대 아바나의 아프로-쿠바 악단.

다. 2000년대 이후 쿠바 영화는 ICAIC과 무관하게 활동하는 해외 공동 제작이 늘어나고 주제가 다양해지며 이념성도 약해지는 경향을 보인다. 예를 들어, 에르네스토 다라나스(Ernesto Daranas)의 작품 〈품행(Conducta)〉은 쿠바 현실의 문제를 교육 시스템을 중심으로 직시한 영화다. 다라나스는 국가 시스템 내부에서 활동하면서 현실 비판을 수행한다는 점에서 작가 레오나르도 파두라와 비슷한 성향을 지닌다고 할 수 있다.

쿠바는 음악 분야에서도 독보적인 위상을 자랑한다. 쿠바 음악은 단순히 '라틴 음악의 한 갈래'가 아니라, 아프리카, 유럽, 카리브와 아메리카, 심지어 아랍 음악이 혼합되며 형성된 현대 대중음악의 핵심 원천 가운데 하나다. 아프로쿠바 리듬을 세계화한 쿠바에서는 룸바, 손(son), 볼레로, 맘보, 차차차 등 많은 라틴 리듬이 탄생했다. 게다가 하바네라 리듬은 미국 재즈 발전에 영향을 주었고, 손 리듬은 룸바와 섞이면서 뉴욕에서 발전한 살사의 모태가 된다. '살사의 여왕'이라 불렸던 셀리아 크루스(Celia Cruz)와 '라틴 팝의 여왕'이라 불리는 글로리아 에스테판(Gloria Estefan)도 쿠바 출신이다. 한편 1990년대 말에 세계적인 붐을 일으킨 '부에나비스타소셜클럽(Buena Vista Social Club)'은 쿠바 전통 리듬의 재발견이었다고 평가된다. 쿠바는 전통 리듬에 머무르지 않고 역사성을 띠고 진화하는데, 1980년대까지 쿠바 혁명을 대변하는 비공식 음악이었던 새로운 음유시 운동 '누에바 트로바(Nueva Trova)'가 그 예이다. '쿠바의 존 레논'이라 불리는 실비오 로드리게스(Silvio Rodríguez)는 〈유니콘〉이라는 노래로, 파블로 밀라네스(Pablo Milanés)는 〈욜란다〉라는 노래로 한국에도 잘 알려진 음유 시인들이다.

혁명과 문화의 긴장

냉전 시대에 소련을 비롯한 사회주의 국가에서 창작을 위한 공식 미학은 당성(黨性)을 제일 많이 중시하는 사회주의 리얼리즘이었다. 그런데 혁명 이후 사회주의 국가로 변신한 쿠바에서는 상황이 조금 다르다. 다른 사회주의 국가와 마찬가지로 프로파간다로서 문화는 대단히 중요했지만, 소련식의 교조주의를 강제로 부과하지는 않았기 때문이다. 물론 1960년 '퇴폐적인' 영화 〈P.M.〉을 단죄하면서 피델 카스트로가 지식인들에게 표현의 방종을 직접 경고하는 연설('지식인들에게 고함')을 하기도 했고, '파디야 사건' 같은 검열과 탄압이 있었으며, 레이날도 아레나스(Reinaldo Arenas)와 같은 작가에 대한 박해도 있었다. 그러나 앞서 살펴본 여러 예술 장르에서 알 수 있듯이, 쿠바는 작가와 예술가들에게 혁명 예술을 요구하면서도, 형식적 다양성과 실험성을 완전히 억압하지는 않았다. 그렇기에 공식 문화의 중심에서 벗어나 내적 망명 상태에서나마 레사마 리마, 부조리극의 창시자인 비르힐리오 피네라(Virgilio Piñera), 표현주의 화풍의 화가 안토니아 에이리스(Antonia Eiriz) 등이 활동했고, 공식 문화의 공간에 있으면서도 레오나르도 파두라, 토마스 구티에레스 알레아, 파블로 밀라네스 등은 쿠바 현실에 대한 비판의 목소리를 낼 수 있었을 것이다.

쿠바가 다른 사회주의 나라들보다 상대적으로 문화 부문에 이념적으로 유연한 모습을 보이는 이유는 무엇일까? 여기에는 여러 가지 요인을 생각해 볼 수 있다. 우선 쿠바는 미국을 포함한 자유 진영 국가들에 둘러싸여서, 북한처럼 완전한 문화적 고립이나 단절이 힘들다. 또한 피델 카스트로의 쿠바 혁명이 군대의 무력에 기반을 둔 것이 아니라, 민족주의를 기반으로 교육과 문화의 힘을 강조하기에 구조적으로 문학과 예술의 자율성을 억압하는 데에 한계가 있을 것이다. 문화가 '의미를 생산하고 권력이 작동하는 장'이라는 점을 누구보다 잘 알았던 피델 카스트로가 혁명 이후

〈그림 3〉 · 세계적 발레리나 알리시아 알론소가 이끌었던 쿠바 국립 발레단. 현재 아바나의 국립 대극장 이름도 그녀의 이름을 땄다.

가장 먼저 만든 것도 문화 기구였다. 앞서 언급한 ICAIC 외에도, 니콜라스 기옌이 주도한 '쿠바작가예술가동맹(Unión de Escritores y Artistas de Cuba, UNEAC)', 세계적 발레리나인 알리시아 알론소(Alicia Alonso)가 이끌었던 국립 발레단(Ballet Nacional de Cuba), 쿠바를 라틴아메리카 문화의 종주국으로 만들기 위한 '아메리카의 집(Casa de las Américas)' 등이 대표적인 예이다. 1960년대 이후, 라틴아메리카 현대소설이 '붐(boom) 소설'이라는 이름으로 세계적인 성공을 거둔 요인 가운데 하나가 쿠바 혁명의 성공이라는 말도 사실이다.

문화는, 한 마디로, 쿠바 혁명의 에너지이자 정체성이자 자부심이라 할 수 있다. 따라서 쿠바에서 혁명과 문화는 늘 긴장 관계에 있었고, 쿠바는 주변부 국가임에도 늘 문화적 거점의 지위를 유지해 왔다. 이런 맥락에서, 문화예술에 대해 이념의 잣대를 무리하게 들이대는 데에는 분명한 한계가 있었다. 게다가 '특별 시기' 이후의 쿠바는 생존을 걱정하는 비상사태를 맞아 이데올로기 경직성이 더 완화되고 예술의 주제도 탈이념화되는 경향을 보인다. 어느덧 한 세대를 지난 혁명은 신화가 아니라 거리 지키기가 가능한 기억의 대상이 되는 것이다. 그렇다면 쿠바 문화의 다양성은 지정학적 위치와 쿠바 혁명의 정체성 덕분이라고 한정할 수 있을까? 흔히 개방적이고 친절하며 평화적이라는 쿠바의 민족성과는 무관한 것일까? 이와 관련해, 쿠바 문학과 예술을 통해 주목해야 할 것이 쿠바의 문화적 정체성이다. 정신 생태계와 자연 생태계는 같은 원리로 작동하는 순환 구조라는 점을 상기해 볼 때, 쿠바의 생태 문명을 총체적으로 이해하기 위해 문화 정체성을 파악하는 것은 필수적이기 때문이다.

자연 생태계와 정신 생태계

인간은 종래에 자연 생태계를 '환경'이라 통칭하면서 인간과 대비되는 영역으로 타자화했다. 그러나 '환경'이란 말에는 인간이 중심이고 자연은 인간을 중심으로 주변화된 배경이자 인간과의 관계 속에 그 가치가 규정된다는 인간 중심주의가 전제되어 있

〈그림 4〉· 아바나에 있는 '아메리카의 집' 모습. 라틴아메리카 문화의 후원자 역할을
자처한 쿠바 혁명의 야심적 기구다.

출처: 위키미디어.

다. 인간과 자연의 관계적이며 종속적인 관계를 비판하면서 등장
한 대안 중의 하나가 '생태계'이다. 이 말에는 심층 생태학(Deep
ecology)의 주장대로, 인간이 자연의 일부분이고, 자연과 인간은 주
체와 객체의 관계가 아니라는 의미가 내포되어 있다. 따라서 생태
주의적 관점에서 볼 때 환경과 인간, 더 구체적으로 말하면, 자연
생태계와 인간의 정신 생태계는 별개의 영역이 아니라 같은 원리

위에 작동하는 순환 구조에 가깝다고 말할 수 있다. 자연 생태계 파괴는 정신 생태계의 불안정을 야기하고 정신 생태계의 황폐는 자연 생태계의 훼손으로 악순환되기 때문이다. 물론 반대의 경우에는 서로를 위해 유익한 선순환 구조가 성립할 것이다.

그레고리 베이트슨(Gregory Bateson)은 이 관계를 천착한 대표적인 학자다. 그는 인간이 유기체로서 자연과 분리된 존재가 아니라 환경과 하나의 시스템으로 존재한다고 말한다. 따라서 유기체가 자신의 환경을 파괴하는 것은 곧 자기 자신을 파괴하는 행위라는 것이다(베이트슨, 679). 베이트슨에 의하면, 인간의 마음은 뇌에만 있는 것이 아니라 이미 생태계 안에 있는 것이며 관계에서 형성된다. 따라서 인간과 자연의 사고방식이 어긋나면 위기가 발생한다고 말한다. 정신 생태계와 자연 생태계가 분리되지 않는 '마음의 생태학'이 필요한 이유다.

프랑스 철학자 펠릭스 가타리(Félix Guattari)는 베이트슨의 생각을 더 확대한다. 그는 생태계를 환경 생태계, 사회 생태계, 그리고 정신 생태계의 세 층으로 나누면서, 자연과 인간 외에 사회적 관계를 생태계 범주로 추가한다. 환경 생태계란 자연환경과 생물다양성 등을, 정신 생태계란 인간의 감정과 사고방식 등을, 그리고 사회 생태계란 사회 구조와 인간관계 등을 의미한다. 그는 세계의 위기가 자연의 문제만이 아니라 사회 구조와 인간의 정신 구조가 동시에 병들었기 때문에 발생한다고 말한다. 간단히 말하면, 과도한 경쟁 사회 구조가 인간 정신을 피폐하게 만들고 이 때문에 왜곡된 인식과 욕망이 자연 생태계를 파괴하는 악순환을 부른다는 것이다.

따라서 가타리는 현대의 생태 위기가 결국 문화의 위기라는 결론을 내린다. 자연과 문화는 구분될 수 없으며, 자연 파괴는 문화의 위기에서 비롯되기 때문이다(가타리, 25). 실제로 문화는 인간 행동을 구조화하고, 인간 행동은 생태계에 물리적 영향을 미친다. 가타리는 문화가 정신 생태계를 구성하고 사회적 욕망을 생산하는 기계이므로 문화가 변해야 환경이 변한다고 말한다. 베이트슨과 가타리의 생각이 갈라지는 부분이 여기다. 즉 베이트슨은 우리가 생태적인 질서를 이해하면 생태계의 회복이 가능하다고 보는데 반해, 가타리는 자본주의 문화의 한계를 보고 그 권력에서 벗어나 인간관계를 완전히 재구축해야 한다고 생각한다(가타리, 33-34). 다음 장에서 보겠지만, 기후위기를 맞아 1990년대 이후의 생태 담론이 '자연 보호'에서 '문화 전환'으로 이동하는 배경이다. 단순한 생활 습관의 문제 제기에서 자본주의 자체의 구조를 문제 삼는 존재론적 차원으로 인식이 확장되는 것이다(가타리, 37). 어쨌든 여기서 우리의 논지 전개를 위해 중요한 점은 자연 생태계와 인간 문화의 관계다. 인간과 자연은 분리되지 않는 존재라는 베이트슨의 생각이나, 환경의 위기가 문화의 위기라는 가타리의 생각은 한 공동체의 생태계를 총체적으로 파악하기 위해 문화적 정체성을 알아야 할 이유를 말해 준다.

2001년 유네스코는 문화의 다양성이 생물다양성 못지않게 중요하다는 점을 천명하면서 세계문화다양성선언(The Universal Declaration on Cultural Diversity)을 공포한다(UNESCO). 유네스코의 선언은 자연과 문화가 분리될 수 없으며, 자연 생태계와 정신 생태계가 순환하는 구조를 가진다는 점을 인식한 결과라고 할 수 있다. 그럼, 쿠바의 정신 생태계를 구성하는 쿠바 문화의 특성을 알아보자. 여기서 필자는 그 특성을 개방성, 혼종성, 창조성, 그리고 자주성으로 나누어 보았다.

쿠바 문화의 첫 번째 특징: 개방성

쿠바 문화의 개방성에 가장 큰 영향을 주는 요소는 이미 살펴보았던 쿠바의 지정학적 위치다. 쿠바는 멕시코만과 카리브해라는 두 개의 지중해 문화권에 있다. 북쪽으로는 대서양에서 플로리다 해협을 통해 진입하는 멕시코만, 그리고 남쪽으로는 중앙아메리카와 남아메리카의 북부 지방, 그리고 앤틸리스 제도에 의해 둘러싸인 카리브해가 있다. 카리브해는 24개 나라를 접하고 있고, 다양한 인종과 종교, 그리고 10개 이상의 언어가 쓰이는 아메리카의 지중해이다.

　지중해 문화와 대양 문화는 근본적인 차이가 있다. 지중해는 육지를 분리하는 동시에 연결하는 바다이다. 따라서 떠날 뿐만 아니라 돌아올 줄 아는 바다이다. 그래서 지중해는 떠날 줄만 아는 바다의 근본주의적 성격과 다르다(Cassano, 370). 지중해의 평화는 일방통행의 정복과 지배가 아니라 상호 인정과 타자의 존중에서 비롯된 균형에서 나온다. 지중해는 타인과의 접촉이 정신을 고양한다는 지혜를 터득한 개방적 공간이고, 따라서 지중해는 늘 위대한 문화 중심지를 품었다(Cassano, 373). 우리가 카리브해를 생각하면 떠오르는 평화와 안식의 이미지 역시 이러한 지중해 문화의 특성 때문이라 할 수 있다. 쿠바 역시 지중해 문화권으로 평화를 사랑하고 타자를 존중하는 개방적 문화를 가진다. 콜럼버스가 이 지역에 처음 왔을 때 보고 느낀 바도 비슷하다. 자연은 아름답고 사람들은 선량하다는 것이다.

콜럼버스의 항해 이후 카리브의 조그만 섬이었던 쿠바의 존재 가치는 극적으로 변화한다. 신대륙의 관문이자 열쇠로서 전형적인 교차역(交叉驛) 문화 지역으로 변모하는 것이다. 이제 쿠바는 소박한 물물 교환 수준의 교류가 아니라, 유럽과 아메리카를 잇는 보물 선단 체제(Flota de Indias), 더 나아가 아시아와 아메리카를 잇는 마닐라 갈레온 무역(Galeón de Manila)이 교차하는 이중 고리의 접합점이다. 사람과 문물이 오가는 교류의 무대로서 쿠바는 전 세계 모든 이에게 문호를 열고 인종과 문화가 섞이면서 특유의 혼혈 문화를 발전시켰다.

쿠바 문화의 두 번째 특징: 혼종성

쿠바 문화의 핵심적인 특징인 혼종성은 이렇게 두 개의 고리를 잇는 교차역 문화라는 지정학적 위치에서 유래한다. 그 출발은 인종의 혼혈이었다. 쿠바에는 먼저 원주민과 스페인인 그리고 아프리카인들이 공존하며 혼혈을 이루었고, 18세기 말과 19세기 초에는 아이티와 북미 루이지애나의 프랑스인들이, 그리고 19세기 말에는 중국인, 일본인, 필리핀인 등 아시아계 이민이 들어와서 혼혈이 일어났으며, 20세기 전반기에는 미국인들도 대거 들어온다. 이미 언급했듯이, 1921년에는 288명의 한국인도 쿠바 땅에 도착한다. 다양한 사람들이 섞이며 공존해 온 쿠바의 혼종성은 종교, 풍습, 예술, 언어 등 모든 문화 층위로 확산했다. 쿠바의 혼종 문화는, 앞서 자연 생태계에서 언급했듯이, 평지 위주라 지리적 방해물이 없는 쿠바 국토가 문화의 내부적 소통에 도움이 된 탓도 있다고 할 수 있다.

호세 마르티는 이러한 혼혈이야말로 '우리의 아메리카'의 본질적 조건이라고 말한다. '아메리카의 집' 원장을 지낸 작가 페르난데스 레타마르(Roberto Fernández Retamar) 역시 라틴아메리카에서 혼혈은 우연한 사고가 아니라 본질이라고 말한다. 쿠바 문화의 혼종성은 실제로 쿠바 문화의 모든 면에서 잘 드러난다. 쿠바 음악의 아프로쿠바 리듬, 카르펜티에르의 바로크 문학, 아바나 대성당의 바로크 건축, 위프레도 람의 그림 등 전통적인 예술 영역은 물론이고, 그리스도교 신앙과 아프리카 부족 신앙이 혼합된 산테리아(Santería) 종교, 그리고 심지어는 다이키리(daiquirí)와 모히토(mojito) 같은 칵테일 술 문화를 통해서도 볼 수 있다.

쿠바의 저명한 인류학자인 페르난도 오르티스(Fernando Ortiz, 1881-1969)는 혼종성 원리를 '문화 혼종(tranculturación)'이라는 신조어를 만들어 설명한다. 이 개념은 저급 문화가 고급 문화에 흡수

〈그림 5〉 · 페르난도 오르티스. 그의 저서 『담배와 설탕의 쿠바적 대위법』에는 그와 교유한 세계적인 인류학자 브로니스와프 말리노프스키의 서문이 실렸다.

출처: 위키미디어.

당한다는 문화동화론(aculturación)과 대조적인 것으로, 모든 문화는 일방적인 영향이 아니라 상호 주고받는 영향 아래 형성된다는 생각이다. 그는 쿠바의 진정한 역사는 복잡하기 그지없는 문화 혼종의 역사라고 말한다(Ortiz, 99). 마치 대위법의 원리처럼, 원주민, 스페인인, 유대인, 영국인, 미국인, 흑인, 유카탄인, 중국인 등 무수한 인종과 문화가 지배 리듬 없이 혼합된 역사다. 즉 그 누구의 주도권 다툼 없이 사멸과 생성을 거듭하면서 서로 섞여서 새로운 쿠바 문화를 만들어 냈다는 것이다(Ortiz, 103). 그는 『담배와 설탕의 쿠바적 대위법』(1940)에서 이런 쿠바 문화의 특성을 구대륙 설탕

〈그림 6〉 • 산업부 장관 시절, 시가(puro)를 피우는 체 게바라. 페르난도 오르티스는
담배가 설탕보다 언제나 더 쿠바적이었다고 말한다.

출처: 위키미디어.

과 신대륙 담배의 대위법에 비유해 설명한다.

오르티스에 따르면 대위법 이론은 인종 평등을 명시한 1940년 헌법이나, 1944-1948년 대통령으로 재임하면서 국민 통합을 강조한 라몬 그라우 산마르틴(Ramón Grau San Martín) 정부에 지적 토대를 주었다고 할 수 있다. 또한 쿠바 혁명 이후에는 혼종성을 강조하는 혁명 정권의 정치적 통합을 정당화하는 역할을 하기도 한다. 페르난도 오르티스는 인류학, 고고학, 역사학, 언어학, 음악학, 민속학, 경제학, 지리학 등을 망라한 폭넓은 시야와 깊은 지식으로, 콜럼버스와 알렉산더 폰 훔볼트에 이어 세 번째로 쿠바를 발견한 사람이라고 불리는 석학이다. 그는 설탕 플랜테이션을 연구하면서 연관된 인종, 심리, 역사, 문화, 경제 등의 구조를 유기적으로 고찰한다. 앞서 소개한 펠릭스 가타리의 이론을 빌려 설명하면, 설탕이라는 작물을 통해 환경과 사회와 정신 생태계 변화의 역사를 고찰한 것이다. 오르티스의 선구적인 시각과 업적을 확인할 수 있다.

쿠바 문화의 세 번째 특징: 창조성

위에서 살펴본 쿠바 문화의 두 특성, 즉 개방성과 혼종성은 새로운 문화를 낳는 창조성의 기반이다. 문화적 교류와 충돌이 예술적 충동과 상상력의 기반이라는 점을 볼 때 쿠바 문화의 창조성은 당연한 결과라고 할 수 있다. 앞서 봤듯이, 낯선 이방인 정복자의 도착, 세계 무역의 허브, 아프리카 노예의 유입, 사탕수수 플랜테이션 도입, 미국 자본의 침투, 혁명의 성공, 냉전의 최전선 등 역사적으로 반복되는 외부의 자극과 수용이 새로운 창조를 낳았다는 것이다. 따라서 페르난도 오르티스의 '문화 혼종' 이론은 쿠바 문화의 창조성을 설명하는 이론이 되기도 한다. 쿠바 문화는 단순한 혼합이 아니라 충돌에서 대위법적으로 재창조된 결과이다. 그 결과 억압적인 설탕 플랜테이션 체제의 노예 노동에서 아프로쿠바 리듬이 나와 라틴 리듬으로 발전하고, 그리스도교 신앙의 강요에서 산테리아 신앙이 탄생하는 것이다. 지배 질서를 표면적으로 수

〈**그림 7**〉· 산테리아는 아프리카 부족의 여러 신을 가톨릭 성인으로 위장한다. 제단에 보이는 예마야(Yemaya)는 바다의 신인데, 가톨릭에서는 레글라(Regla)의 성모를 뜻한다.

출처: 위키미디어.

용하지만, 내부에서는 그 의미를 변형하는 새로운 창조물이다.

쿠바 혁명 이후의 예술적 창조성도 같은 방식으로 설명할 수 있다. 앞서 언급한 대로 쿠바 혁명은 큰 틀에서 볼 때 문화 프로젝트의 목적으로 추진된 것이었다. 문화는 혁명의 정체성이자 자부심이고 체제의 동반자였다. 그래서 쿠바는 사회주의 국가임에도 불구하고 다른 사회주의 국가들처럼 교조적인 사회주의 리얼리즘을 강요하지 않는다. 체제 자체의 기반을 흔들지 않는 한 창작의 자유를 어느 정도 인정하는 것이다. 라울 마르티네스의 그림에서 보듯이, 미국 팝아트 영향을 반영하는 작품도 문제가 되지 않고, 구티에레스 알레아나 파두라의 작품에 드러나는 사회 비판도 검열의 경계선에서 용인되는 여유를 보여 준다. 그 결과 이념이 우세하지도, 창작의 자유가 보장되지도 않은 애매한 상태에서 정치와 예술의 긴장 관계가 늘 지속되었다. 일부에서는 통제와 창작욕 사이의 긴장이 혁명 이후 예술의 창조성을 낳았다고 말하기도 한다.

쿠바 문학과 예술의 창조성을 가장 잘 보여 주는 것이 바로크와 네오바로크 미학이다. 아바나 대성당에서 볼 수 있는 바로크 건축과 20세기의 작가들이 보여 주는 네오바로크 문학이 대표적이다. 알레호 카르펜티에르에 의하면, 라틴아메리카는 콜럼버스 이전의 예술, 식민지 시대의 건축과 문학 그리고 현대 소설에 이르기까지 항상 바로크적이었다(Carpentier, 36). 특히 그중에서도 쿠바는 바로크 문화 전통이 풍부한 나라인데 그 이유는 앞서 서술한 개방성과 혼종성 덕분이다. 쿠바의 바로크적 성향을 잘 보여 주는 것이 언어 습관이다. 세베로 사르두이는 축소사 사용, 단어 왜곡과 변형, 일상어와 은어 사용 등의 특징을 언급하는데(Sarduy, 292–293), 결국 그것이 지향하는 것은 말의 과잉과 유희로 끝나는 현란한 언어의 세계다. 바로크 언어는 현실을 재현하는 데에 봉사하지 않고 스스로 주인공이 되는 자기 충족적 세계를 지향한다. 앞서 말한 이념과 예술 사이의 긴장에서 벗어나 정치적 변혁에 영향받지 않는 언어의 왕국을 세우는 데에 바로크 미학은 최상의 선택이었을 것이다. 라틴아메리카의 네오바로크 미학을 대표하는 카르펜티에르, 레사마 리마, 카브레라 인판테, 사르두이, 레이날도 아레나스가 모두 쿠바 출신이라는 점은 우연이 아니다. 그들은 공고라, 케베도, 로페 데 베가, 칼데론 데 라 바르카 등 가톨릭 종교개혁 체제하의 스페인 바로크 작가들과 같은 고민을 공유한 것이다.

쿠바 문화의 네 번째 특징: 자주성

쿠바는 라틴아메리카 국가들 가운데 스페인에서 가장 늦게 독립한 나라다. 바로 옆에 있는 아이티가 라틴아메리카 최초의 독립국으로 흑인 공화국을 선포한 사실을 보면 쿠바의 때늦은 독립이 더 대비된다. 그렇다고 쿠바가 독립 정신이나 자주성이 뒤떨어진 나라는 아니다. 오히려 쿠바 문화의 돋보이는 특징 가운데 하나가 자주성이다. 이를 이해하려면 먼저 쿠바의 독립이 늦은 이유부터 간단히 살펴볼 필요가 있다. 일단, 쿠바는 전통적으로 가장 부유하고 중요한 스페인의 식민지이자 강력한 군대가 주둔한 마지막

보루로서 쉽게 포기할 수 없는 영토였다. 또한 플랜테이션 경제로 막대한 부를 누리던 현지 기득권층, 즉 크리오요(criollo) 백인들에게 국가 독립보다 현상 유지가 더 유리한 선택이었다. 크리오요가 독립 혁명의 주체가 되었던 대륙의 식민지와 다른 점이다. 게다가 18세기 말에 일어난 아이티 혁명은 쿠바의 백인 지주에게 큰 충격을 주었다. 폭력과 학살이 난무하는 이웃 나라의 독립 혁명은 20세기 초까지 이들에게 혁명과 흑인 공포증을 심어 놓았다. 또 하나의 결정적인 요인은 미국의 이해관계였다. '중력론', 혹은 '잘 익은 과일 이론'에서 볼 수 있듯이, 어차피 쿠바는 미국의 수중에 들어온다고 생각하는 미국에 그 독립은 시급한 현안이 아니었다.

그럼에도 19세기 후반에 쿠바의 독립에 대한 열망은 시대정신이 되었고, 쿠바 민족주의 확산과 노예제 폐지, 그리고 식민지 말기 스페인의 강경한 식민 정책 등으로 인해 상황이 급변했다. 호세 마르티가 주도하는 가운데, 쿠바의 여러 진영이 공통의 목표 아래 단결해 독립 투쟁에 나선 것이다. 쿠바 독립 전쟁에 순갈을 얹었고, 스페인과 전쟁에서 승리한 후 쿠바에 미군정을 실시한 미국에 대한 반감은 외세에 대한 또 다른 반발을 초래한다. 이렇게 쿠바는 스페인의 정복 이래 현재의 미국 봉쇄에 이르기까지 평탄치 않은 역사를 경험하면서 문학과 예술을 통해 그 기억을 서사화한다. 외부의 모방이 아니라 혼종을 통해 새로운 창조물을 만들면서 독자적인 정체성을 구축하는 것이다. 이것이 정치적 독립과 별개로 문화적 독립을 수행한 쿠바 문화의 자주성이다. 혼종과 창조가 이뤄지는 자주적 문화는 쿠바 민족주의의 도구이자 저항의 공간이다.

　탈식민주의적 관점에서 보자면, 혼종은 중심부의 언어를 그 담론 구조에서 해방한 뒤 다른 공간에서 새로운 용례로 사용하는 전유의 과정이라고 할 수 있다(애쉬크로프트, 65). 에드워드 사이드의 말을 빌리자면, 이는 제국의 중심부에서 제국의 언어로 작업을 하되, 그 지평을 확장하고 교란하는 '저항의 국제화'이다(사이드, 416-451). 요루바 신앙과 가톨릭 신앙을 전유한 산테리아, 아프리카와 유럽 음악을 아프로쿠바 리듬으로 전유한 쿠바 음악, 서구 음유시 운동을 민중 주권의 노래로 전유한 '누에바 트로바', 유럽 아방가르드 언어를 전유해서 아프리카와 카리브 신화로 '쿠바성'을 형상화한 위프레도 람, 스페인어를 네오바로크 언어로 전유한 작가들, 서구 팝 아트를 사회주의 예술로 전유한 라울 마르티네스나 호세 앙헬 토이락(José Ángel Toirac) 등이 모두 모방과 종속을 거부하고 문화 주권을 추구한 쿠바의 자주성을 대변한다. 문화의 혼종성과 자주성의 의미를 가장 잘 표현한 사람은 호세 마르티다. 그는 「우리의 아메리카」에서 그 관계를 표현한다. "세계를 우리 공화국들에 접목해라. 단, 몸통은 우리 것이어야 한다."(Martí, 163)

아바나 대성당에 구현된 환대의 정신

위에서 서술한 쿠바 문화의 네 가지 정체성 가운데 핵심적인 것 하나를 말하라면 혼종성을 꼽아야 할 것이다. 쿠바의 혼종 문화가

워낙 두드러지기도 하지만, 다른 세 가지 특성인 개방성, 창조성, 그리고 자주성도 결국 혼종성으로 수렴된다고 할 수 있기 때문이다. 혼종성은 쿠바인의 특징적인 삶의 양식인 환대의 문화를 낳는다. 콜럼버스가 『항해록』에 묘사한 대로 카리브의 원주민들은 처음 본 이방인들을 반기고 어려운 일을 도왔으며 이러한 환대의 정신은 이후의 역사에서도 반복되고 계승된다. 그리고 환대의 정신은 비단 사람만이 아니라 개방적이고 혼종적인 쿠바 문화 전반에 구조적으로 스며들어 있다. 그 좋은 예가 아바나 대교구의 주교좌 성당(Catedral)인 아바나 대성당이다.

원죄 없이 잉태되신 동정 성모 마리아(Inmaculada Concepción de la Santísima Virgen María)에게 바쳐진 이 성당은 거룩한 이름에 걸맞게 카리브 바로크 건축의 여왕이라고 불리는 아름다운 건축물이다. 아바나 대성당은 1748년부터 1777년까지 30년 공사를 통해 완공되었다. 이 성당은 1795년에서 1898년 사이에, 세비야 대성당으로 옮겨가기 전까지 크리스토퍼 콜럼버스의 유해가 안치되어 있던 역사적 공간이기도 하다. 1982년에는 유네스코 인류 문화유산으로 지정되었다. 미로처럼 복잡하고 번잡한 아바나 비에하(Habana Vieja), 즉 아바나 구시가지 골목을 헤매다가 한 광장에 접어들어 문득 대성당의 우아한 파사드와 정면으로 대면했을 때의 느낌은 표현하기 힘들다. 그곳은 아바나의 세속적 먼지를 씻어주는 듯한 성스러운 공간이지만, 성과 속의 경계가 없어지며 모든 이를 품어주는 환대의 공간이기도 하다.

대성당의 파사드는 전형적인 바로크 양식을 보여 준다. 장식용

<그림 8>·아바나 대성당과 광장.

출처: 위키미디어.

기둥인 에스티피테(Estípite)를 비롯해, 스페인 바로크의 추리게라 (Churriguera) 양식이 엿보이는 외부 장식, 평면이 아니라 오목하고 볼록한 곡선의 벽면이 불러일으키는 리듬과 역동성, 두 종탑의 비 대칭적 모습에도 불구하고 전체적 조화로움을 보여 주는 '무질서 속의 질서', 즉 가타리의 표현대로 하면 '카오스모시스(caosmosis)' 가 그것이다. 이런 의미에서, 네오바로크 작가인 레사마 리마는 대성당의 파사드가 파도를 흉내 낸다고 하는가 하면, 카르펜티에르는 그것이 '돌로 구현된 음악'이라고 표현한다(Ibañez). 한편 대성당의 내부 구조 역시 바로크적 특성을 보여 준다. 빛과 어둠이 교차하며 명암 효과를 내는 가운데, 돔을 밑에서 올려다보면 천상의 무한 공간으로 이끄는 착시 현상을 일으키면서 이탈리아의 바로크 건축가 보로미니(Francessco Borromini)를 연상케 한다. 내부의 벽에는 역시 17세기 바로크 화가인 에스테반 무리요(Esteban Murllo)와 페테르 파울 루벤스(Peter Paul Rubens)의 복제 그림이 걸려 있다.

아바나 대성당은 구조적으로 쿠바 문화의 특징인 혼종성이 잘 드러난 건축물이다. 기본 구조는 유럽의 바로크 양식이지만 그 재료는 카리브의 기후와 자연이 생산한 것이기 때문이다. 예를 들어, 대성당 벽돌은 카리브해의 산호와 석회암이 쓰였고, 조개와 같은 카리브 해양 동식물의 화석 흔적도 볼 수 있다. 레사마 리마가 말하는 파사드 곡선의 파도는 다름 아닌 카리브해의 물결이다. 한편, 대성당 내부의 넓은 창문과 환기 시설은 카리브의 태양과 미풍을 부드럽게 소화해 내는 역할을 한다. 또한 앞서 말했듯이, 대성당의 성스러운 공간은 세속의 공간인 구시가지와 조화를 이루면서 광장을 품는다. 다시 말해, 무겁고 엄숙한 유럽의 신앙이 경쾌하고 흥거운 카리브 문화에 문호를 개방한다. 스페인과 이탈리아 바로크 양식을 전유해 카리브 바로크 건축의 창조적인 걸작이 탄생한 것이다.

아바나 대성당은 곡선 설계된 파사드의 오목한 두 팔을 벌려 긴 항해를 마치고 광장에 들어선 선원, 상인, 외교관, 군인, 그리고 모든 이주민을 따뜻하게 품어 준다. 마치 타원형 광장에 모인 전 세계 순례객들을 환영하고 위로하는 바티칸의 성베드로 대성당 모습과 흡사하다. 결론적으로, 라틴아메리카에서 가장 크고 바쁜 항구였던 아바나 대성당은 신앙을 강제하는 억압적 공간이 아니라 신세계로 건너온 이방인을 환영하는 포용과 환대의 공간이었다. 그리고 그것은 쿠바 본연의 환대 정신과 하나의 생태계 안에서 공진화해 온 것이다. 그렇다면, 지금까지 살펴본 쿠바 문화의 특성과 정체성을 형성한 구체적인 요소는 무엇인지 정리해 보자.

쿠바 문화 정체성의 기원

펠릭스 가타리의 이론을 다시 빌리자면, 생태계는 환경 생태계, 사회 생태계, 그리고 정신 생태계의 세 가지 층위로 구분된다. 문화는 이 세 가지 생태, 즉 자연 생태, 사회 생태, 그리고 마음 생태가 만들어 내는 것이고, 또 반대로 그 결과로 다시 만들어지는 순환 관계를 맺는다. 그러면, 쿠바의 문화를 만들어 내는 세 가지 생태계의 핵심은 무엇일까? 먼저 환경 생태계의 층위에서는 쿠바의 자연을, 정신 생태계의 층위에서는 인종을, 그리고 사회 생태계의 층위에서는 식민지 경험과 혁명을 들 수 있다.

먼저, 쿠바의 자연은 그 풍요로움을 바탕으로 '쿠바성'의 형성에 큰 역할을 했다. 호세 마르티 역시 사람은 자기가 태어난 땅과 분리될 수 없다며 "정부는 자기 땅에서 태어나야 한다"(Martí, 162)

고 말한다. 자연과 사람의 신토불이(身土不二)를 강조한 것이다. 그는 "정부는 자기 땅의 자연 요소들이 균형을 이룬 것에 지나지 않는다"(Martí, 162)라고 덧붙인다. 19세기 쿠바 자연의 감수성을 노래한 시인 호세 포르나리스(José Fornaris) 역시 자연을 쿠바 정체성의 핵심으로 보고 "쿠바의 자연은 우리를 이 땅에 살던 옛 원주민들과 형제가 되게 한다"라고 말한다(Vitier, 136). 마치 마추픽추 정상에서 파블로 네루다(Pablo Neruda)가 대지에 흩어진 침묵의 입술들을 모아 옛 형제들과 소통하듯, 비록 시대는 다르지만, 같은 대지에 살았던 형제들이 일치감을 느끼고 연대감을 형성하는 것이다. 평탄하고 풍요로우며 개방적인 쿠바의 자연은 이 땅에 사는 사람들에게 노동보다는 시와 음악과 춤을 사랑하는 여유로운 성격을 선물한다.

정신 생태계의 층위에서 쿠바의 문화 정체성을 형성하는 것은 역시 인종이다. 한국인처럼 단군 할아버지에게 민족 정체성을 구하는 단일 인종이 아니라, 수많은 역사의 변전 속에 거듭해 온 혼혈 자체가 쿠바의 정체성이다. 초기에는 마치 삼원색(三原色)처럼 출발한 원주민, 스페인인, 그리고 아프리카계 흑인이 혼혈을 거듭하면서 새로운 인종을 낳았다. 게다가 스페인 역시 건국 신화가 없는 나라로서, 수많은 이주민의 피가 섞여 있는 혼혈의 땅이라는 점을 생각해 보자. 19세기 말 이후에 들어온 여러 아시아계 이민까지 고려할 때, 실로 쿠바는 전 세계 인종을 볼 수 있는 전시장이라 해도 과장이 아니다.

인종 문제와 관련해 또 하나 주목할 점은, 쿠바에 인종 차별이 없다는 사실이다. 이런 현상은 인종 차별을 자본주의 산물로 보고 인종 문제를 언급하는 것 자체를 금기시했던 쿠바 혁명 이후에 더 두드러진다. 그러나 이 문제를 먼저 언급한 것은 호세 마르티이다. 그는 「나의 인종(Mi raza)」이라는 글에서, 쿠바에는 인종 분쟁의 우려가 없으며, 쿠바인은 백인을 초월하고, 물라토를 초월하며 흑인을 초월한다고 말한다(Martí, 101). 인종 구분 자체를 거부하는 마르티에게는 혼혈 자체가 쿠바의 인종이며, 피부색을 초월해 '쿠바인'이라는 정체성을 형성하는 요인이다. 우열의 질서가 없는 혼혈의 내부 조화가 감성과 사고방식과 가치관 등의 정신 생태계에서 쿠바의 문화 정체성을 낳는 것이다.

이제 문화의 가장 가시적인 형태인 사회적 생태계를 살펴보자. 인간관계와 사회 구조를 내포하는 사회적 생태계에서 대표적인 문화는 정치 문화이다. 쿠바 역사에 나타나는 대표적인 정치 문화로는 거의 4세기에 이르는 식민 경험과 쿠바 혁명을 들 수 있다. 칼릭스토 마소 이 바스케스(Calixto Masó y Vázquez)는 쿠바 국민성을 식민 구조가 만들어 낸 사회적 조건의 산물로 해석하는 지식인이다. 그는 단일작물 경제 및 노예제 기반 사회였던 식민 체제와 그 뒤를 이은 미군정이 쿠바인들의 의존적이고 충동적인 성격을 낳았다고 본다(Masó y Vázquez, 108). 마소 이 바스케스가 봤을 때 특히 심각한 문제는 교육의 부재였다. 그런데 1959년 혁명이 성공한 후, 피델 카스트로가 가장 중시한 것이 문화와 교육 부문이었다. 교육은 스페인 식민 체제의 잔재인 무기력, 개인주의, 무질서, 불신 등을 교정했다. '쿠바적인 것(ser cubano)'이 무엇인지 탐구했던 호르헤 마냑(Jorge Mañach)은 혁명 덕분에 쿠바에 희망과 의지가 살아나고 자기 신뢰를 회복했다고 말한다(Pérez Jr, 477). 쿠바 혁명은 사회적 생태계를 변화시키며 오늘날 쿠바의 문화적 정체성을 형성하는 변곡점이 되었다고 할 수 있다.

사회적 생태계인 식민 체제의 유산을 비판하는 동시에 그것이 초래한 환경 생태계의 파괴를 문학적 관점, 즉 정신 생태계 층위에서 연구하는 분야가 있다. 제국주의가 식민지의 정치·경제·군사적 지배에 그치지 않고 자연 생태계의 전반적인 파괴를 초래한다는 점을 주목한 탈식민주의 생태 비평이다. 쿠바의 국민 시인 니콜라스 기엔은 라틴아메리카를 대표하는 탈식민주의 생태 비평 작가이다.

탈식민주의 생태 비평과 니콜라스 기엔[1]

서구 중심의 근대사에서 가장 많은 침묵을 강요당한 존재는 자연이며 자연에 대한 착취는 세계화 시대에 더 가열된다. 이 시대의 세계 경제는 지구 환경을 회복 불가능할 정도로 파괴해서, 세계화는 인간 문화에 의해 자연이 타자화되는 신식민주의 시스템이라 할 것이다(Plumwood, 29). 이런 우려 속에 탈식민주의적 생태 비평

---

1) 이 글은 『외국문학연구』 제47호에 게재된 신정환의 「탈식민주의 생태 비평과 라틴아메리카 문학」을 참고한 것이다.

이 탄생한다. 생태 비평은 빈부격차, 저개발, 자원 고갈 등 식민주의 유산을 청산하지 않은 채 환경 문제가 해결될 수 없다고 강조하면서 탈식민주의 관점을 공유한다. 반면, 탈식민주의는 신식민주의에 대한 투쟁이 토양 오염, 자원 착취, 생물다양성 감소 등 자연환경을 둘러싸고 전개되었던 점을 주목하며 생태 비평과 접점을 찾는다.

영국의 탈식민주의 생태 비평가인 알프레드 크로스비(Alfred Crosby)는 생태계 파괴를 동반하는 유럽인들의 식민주의를 가리켜 생태학적 제국주의(ecological imperialism)라 명명한다. 생태학적 제국주의는 지구 생태계, 특히 제3세계 환경의 파괴가 역사적으로 서구 제국주의에 의해 본격적으로 자행되었음을 보여 준다. 크로스비에 따르면 콜럼버스의 항해로 인해 일어난 가장 중요한 변화는 사회도, 정치도 아닌 생물학적 분야였다. 지구 역사를 파괴적으로 변화시킨 구세계와 신세계의 교류를 가리켜 크로스비는 자신의 책 제목인 『콜럼버스의 교환(*Columbian exchange*)』이라고 부른다. 신대륙과 구대륙 사이에 일어난 사람, 문화, 생물, 세균 등의 대규모 교류를 의미하는 '콜럼버스의 교환'이라는 용어가 생태학적 의미로 전치된 것이다. 이후 제국주의 수탈과 폭력의 무대가 된 제3세계의 자연은 그 자체가 '역사의 메타포'(Rohlehr, 235)이자 탈식민주의적 생태 문학과 비평의 살아 있는 텍스트가 된다.

라틴아메리카 대륙의 자연은 그 어느 곳보다 생태 문학의 관점에서 주목 대상이다. 자연 생태계는 수탈당하고, 정신 생태계는 뿌리뽑혔으며 사회 생태계는 왜곡되어 왔기 때문이다. 탈식민주의적 생태 비평의 관점에서 특히 관심을 끄는 장르는 시이다. 칠레의 파블로 네루다와 니카노르 파라(Nicanor Parra), 니카라과의 에르네스토 카르데날(Ernesto Cardenal), 그리고 쿠바의 니콜라스 기엔 등 많은 시인이 식민주의와 생태계 파괴가 연관된 시스템을 시적으로 형상화하면서 생태 문학을 구현한다. 이들은 인간과 자연의 관계를 탐구하면서 서구의 신식민주의 시스템을 비판하는 동시에 라틴아메리카 대륙의 생태계 파괴를 비판한다.

니콜라스 기엔은 유럽인들이 대서양을 넘어오기 전의 시대를 태초의 낙원으로 간주한다. 그는 유럽의 신대륙 '발견'이 비극의 시작이라고 생각하면서 "바닷길을 통해 악한 영혼의 전령인 해적이 들어왔다"(Guillén, 239)고 말한다. 이후 침략자에 맞서 싸웠으나 끝내 패배한 라틴아메리카 자연은 난도질당하고 침묵과 착취를 강요당한다. 니콜라스 기엔은 「내 조국은 겉으로는 부드럽다」에서 목소리를 빼앗긴 채 내상을 앓는 조국의 땅을 노래한다.

> 말문을 닫은 파란 하늘은
> 조국의 고통을 얼마나 무심히 바라보고 있는가!
> 말문을 닫은 파란 하늘,
> 아, 신이 네게 선사한 쿠바,
> 아, 신이 네게 선사한 쿠바,
> 너의 하늘은 그토록 파랗구나!(Guillén, 225)

탈식민성이란 '스스로 감내한 역사적 기억 상실의 결과 파생된

<그림 9> · 쿠바의 국민 시인이라 불린 니콜라스 기옌.
쿠바 네그리튀드 운동을 주도했다.
출처: 1956년, 동베를린 작가회의에서 Hans-Joachim Koch 촬영.

조건'으로 규정할 수 있고, 탈식민주의 이론은 잊힌 기억을 살려
내는 능력에 그 가치가 있다(Gandhi, 7-8). 이는 침묵을 강요당한 목
소리에 초점을 맞추는 하위 주체 이론(Subaltern theory)의 본질이기
도 하다. 그런데 기옌과 네루다 같은 시인은 그 하위주체에 식민
지의 자연을 포함하고 잊힌 기억을 찾아냄으로써 탈식민주의적
생태 문학을 보여 준다. 니콜라스 기옌은 「애가(Elegía)」라는 시에
서 카리브해 구름의 기억을 환기한다.

기록하는 것을 배워야 한다.

구름이 망각할 수 없는 것들을

(……)

구름이 아직 기억할 수 있는 것들을

그대들은 어찌 잊을 수 있는가?(Guillén, 239)

대지의 수탈과 원주민 사회의 붕괴를 목격한 구름은 침묵을 강요받지만 끝내 억압될 수는 없다. '정복에 의한 트라우마'를 안고 살아가는 카리브의 풍경은 인간의 언어로 기록되어야 하고 이해되어야 한다(DeLoughrey, 2). 기옌은 잔혹한 기억을 안고 침묵 속에 살아온 카리브 구름의 목소리를 자임하면서 뿌리 뽑힌 인종과 생물의 역사를 동시에 지향해 탈식민주의와 생태 비평을 결합한다. 마르티니크 출신의 에두아르 글리상(Edouard Glissant)은 카리브 땅이 인간 투쟁이 무언의 형태로 새겨진 역사적 기록이라 간주한다. 앞 장에서 언급한, 호스킨스의 생각을 빌리자면, 자연은 인간 활동이 겹겹이 남아 있는 역사적 기록이자 '생태학적 양피지'라는 말이다. 그렇기에 호스킨스는 시인이야말로 가장 훌륭한 지리지(地理誌) 작가가 될 수 있다고 말한다(호스킨스, 53).

글리상은 땅이 '증인 없는 투쟁'의 말 없는 기록이기에 땅의 파괴는 집단 기억에 대한 폭력 행위라고 간주한다(DeLoughrey, 2). 그런데 억압의 슬픈 기억으로 가득 찬 자연이 실제로 가장 철저한 침묵을 강요당해 온 피해자라는 점을 상기해 볼 때 그 자연은 묘사되는 것만으로 충분하지 않고 이해되기를 바란다. 왜냐하면 그 자연사에는 바로 인간사가 포함되어 있기 때문이다. 니콜라스 기엔이 대표하는 카리브의 탈식민주의 생태 문학은 자연과의 교감을 통해 식민주의가 유도한 기억 상실증을 극복하고 무관심과 억압 때문에 묻혀버린 인간과 대지의 역사를 우리에게 환기해 주는 것이다.

제 4 장

쿠바의 지속가능 발전

자연 보호에서 문화 전환으로

지구의 환경 변화가 '자연 파괴'와 '환경 보호'의 차원이 아니라 근대 자본주의 사회와 산업 문명 자체의 구조적인 문제라고 인식하기 시작한 것은 1960년대에 들어서였다. 특히 살충제 DDT(Dichloro-Diphenyl-Trichloroethane)가 생태계를 교란한다는 사실을 과학적으로 입증한 레이철 카슨(Rachel Carson)의 책『침묵의 봄(*Silent Spring*)』(1962)은 환경 문제를 생태계 시스템의 문제로 이해하는 큰 계기가 되었다. 1970년대에는 경제 성장 자체가 지구 시스템과 충돌하므로 환경 문제는 산업 문명의 결과라는 인식이 제기되었다. 특히 1972년 로마 클럽에서 펴낸 보고서『성장의 한계(*The Limits to Growth*)』는 경제 성장, 인구 증가, 환경 파괴 등이 지속한다면 100년 이내에 지구 성장은 한계에 도달한다고 경고했다. 성장 경제 시스템이 진짜 문제라는 주장했던 것이다. 1980년대 이후에는 환경 문제가 국가 단위의 문제가 아니라 지구 시스템의 문제라는 인식이 굳어졌다. 오존층 파괴, 기후변화, 생물다양성 감소 등, 지구 차원의 환경 파괴를 심각하게 받아들였다. 2000년, 네덜란드 화학자 파울 크뤼천(Paul Crutzen)은 인류가 지구 시스템 변화의 주체가 되었다는 점에서 지구가 인류세(Anthropocene)라는 새로운 지질 연대로 접어들었다고 주장했다.

이렇게 환경 문제를 문명 차원에서 논의하며, 전 세계적 이목을 집중시킨 가운데 개최된 국제회의가 1992년에 열린 '유엔 환경개발회의(United Nations Conference on Environment and Development)', 일명 '리우 지구 정상 회의(Earth Summit)'다. 185개 정부 대표단이 참가한 이 회의를 계기로 본격 등장한 개념이 '지속가능 발전(Sustainable Development)'이다. 이 용어는 원래 1987년 「우리 공동의 미래(Our Common Future)」라는 제목의 브룬트란트 보고서(Brundtland Report)에 제시된 용어로서, 개발주의와 환경주의를 절충하기 위해 만들어졌다. 이밖에 생물다양성과 기후변화 등의 용어가 국제 정치의 정식 의제로 채택된 것도 리우 정상 회의였다. 환경 이슈는 정치·경제·사회·문화와 분리될 수 없는 문제로 인식되기 시작했다. 환경 문제는 자연이 아니라 근대가 낳은 소비, 성장, 개발 등의 근대적 가치관과 문화의 문제라는 점이 핵심 논점이었다.

인간의 문화가 자연 생태계 왜곡의 원인이기 때문에 환경 문제를 문명의 문제로 인식해야 한다는 사고는 1980년대 말에 등장한 철학 이론을 통해서도 확인된다. 산업화와 근대화가 가공할 위험을 초래한다는 울리히 벡(Ulrich Beck)의 『위험 사회(*Risk Society*)』(1986), 환경, 사회, 정신을 통합적 관점으로 바라보는 생태 철학을 제시한 펠릭스 가타리의 『세 가지 생태학』(1989)이 그것이다. 20세기를 마감하는 시점에서, 생태계 문제가 '자연 보호' 차원에서 근본적인 '문화 전환'으로 선회하면서 여러 생태 담론도 등장했다. 종래의 환경이라는 용어가 생태로 바뀌고 이데올로기로서의 생태주의(ecologism)가 등장하는 것도 이 시점이다.

생태주의를 대표하는 학자인 앤드루 돕슨(Andrew Dobson)에 의하면, 생태주의는 인간 중심주의에 반대하는 '이데올로기'로서, 인간과 자연환경의 관계를 근본적으로 다시 생각해야 한다고 주장한다(Dobson, 188). 생태주의는 환경 위기를 단순한 오염 문제가 아니라 근대 산업 문명의 구조적 문제로 본다. 그리고 인간이 지속가능하고 충만한 존재가 되려면 인간 아닌 자연 세계와의 관계를, 그리고 인간의 사회적이고 정치적인 삶의 방식을 근본적으로 바꿔야 한다고 주장한다(Dobson, 2-3). 돕슨은 생태주의가 현대 사회에 대한 비판이자 개선을 위한 처방이며 변혁을 꾀하는 정치 이데올로기임을 강조한다(Dobson, 102, 188). 따라서 생태주의는 환경주의와 뚜렷이 대비된다. 환경주의가 자연 보호 차원에서 환경 오염 문제를 제기하면서 정책과 기술의 개선을 꾀하는 '운동'이라면, 생태주의는 이 문제를 근대 문명의 구조적 문제로 보고 사회 변혁을 논하는 '이데올로기'인 것이다. 또한 환경주의가 인간 중심 관점에서 인간을 위한 성장을 추구한다면, 생태주의는 인간도 자연의 일부라고 믿으며 지구는 무한 성장을 감당할 수 없다고 주장한다.

이러한 개념에 근거해 생태주의와 관련한 여러 담론이 탄생한다. 환경학자 이상헌은 이성적인 태도로 생태 위기에 대응하는 태도를 합리주의적 생태주의라고 보면서, 그 종류를 시장 생태주의, 사회 생태주의, 정치 생태주의, 생태 사회주의, 사회적 생태 여성주의 등 다섯 가지로 나눈다. 시장 생태주의란 지속가능 발전이나 녹색 성장 담론을 포함하는 것으로서, 현재의 시장 메커니즘이나 기술 혁신을 통해 생태 위기를 해결하려는 입장이다. 따라서 생태 담론 이전의 환경주의에 머무르는 한계가 있다. 두 번째로 사회 생태주의란, 환경 위기가 사회적 지배 구조에서 비롯했으며, 생태계 위기 해결은 사회 윤리 회복, 도덕 경제 실현, 직접 민주주의 등을 통해 가능하다고 주장한다. 세 번째로, 정치 생태주의는 자본주의와 사회주의 모두 성장 제일주의에 함몰되어 생태 위기를 초래했다고 본다. 따라서 '실체적 민주주의'에 따라 평등한 개인과 국가의 사회적 공간이 창조될 때 위기 극복이 가능하다고 생각한다. 네 번째로, 생태 사회주의는 사회주의를 포함해 성장 중심주의에 빠졌던 기존의 이념들을 비판하면서 마르크스주의를 생태학적 관점에서 새롭게 해석하면 생태 위기를 극복할 수 있다고 주장한다. 마지막으로, 사회적 생태 여성주의는 여성 지배와 자연 착취가 역사적 가부장제에 의한 쌍둥이 억압(twin dominations)이라고 본다. 이를 해결하려면, 여성 해방을 위한 사회 변혁, 자연 해방을 위한 생태 변혁, 제3세계에 대한 착취 근절이 함께 이뤄져야 한다(이상헌, 102-141).

‘특별 시기’와 리우 정상 회의

환경 문제가 ‘자연 보호에서 문화 전환으로’ 이동하는 상징적 이벤트였던 리우 지구 정상 회의는 쿠바의 ‘특별 시기’와 겹치는 절묘한 시점에 개최되었다. 이 회의는 ‘지속가능 발전’을 환경과 개발의 문제를 조화하는 전략으로 채택했다. 지속가능 발전이란 ‘미래 세대의 필요를 충족시킬 가능성을 훼손하지 않는 범위 내에서 현재 세대의 필요를 충족시키는 발전’이다. 이 개념은 사회주의의 자존심을 지키면서도 자본주의 도구를 빌려 경제 성장을 시도할 정당성을 부여했다. 쿠바는 ‘지속가능 발전’을 국가 전략으로 선택했다. 이는 시류에 따른 즉흥적인 결정이 아니라, 신속한 개혁과 개방을 통해 역설적으로 사회주의 체제를 유지하겠다는 큰 그림의 일부였다. 피델 카스트로는 1992년 6월, 리우 정상 회의에 직접 참석해 자연 파괴로 인해 멸종 위기에 처한 중요한 생물 종이 있는데 바로 인간이라고 경고하면서, 국제 경제 질서를 더 공정하게 만들고, 외채가 아니라 생태계 부채를 갚아 나가자고 연설한다(다음 항목의 연설문 참고).

여기서 피델 카스트로가 말하는 핵심 메시지는 환경 파괴가 불평등한 국제적 경제 구조에 기인하며, 특히 선진국의 과잉 소비 행태가 생태 위기의 원인이라는 점이다. 생태 위기를 사회 정의와 연결하면서 간접적으로 신식민주의 시스템을 비판한 것이다. 그러나 남의 것 비판에 앞서 일단은 자기 발등의 불을 끄는 게 급선무였다. 리우 정상 회의 다음 달인 1992년 7월, 쿠바는 아예 헌법을 개정해서 '특별 시기'를 극복하기 위한 정치·경제·사회·문화 개혁을 추진하는 한편, 다음같이 제27조에 '지속가능 발전' 항목을 명문화한다.

제27조. 정부는 국가의 환경과 자연 자원을 보호한다. 정부는 인간의 삶을 더 합리적으로 만들고, 현재와 미래 세대의 생존, 복지, 그리고 안전을 보장하기 위해, 지속가능한 경제 및 사회 발전과 긴밀한 관계에 있음을 확인한다. 또한 적절한 기관에 이 정책의 집행 업무를 배분한다. 시민은 물, 대기, 토양 보존, 식물군, 동물군, 그리고 자연의 모든 풍부한 잠재력의 보호에 이바지할 의무가 있다.

쿠바 정부는 이러한 변화에 맞춰 구체적 실행 방안으로, 사탕수수 산업의 부산물을 이용해 화석 에너지를 대체하는 바이오매스(Biomass), 풍력, 태양광 등의 재생 가능 에너지 정책을 채택하고 콘크리트 대신 환경 친화적 흙벽돌집을 건설하며 관타나모의 수력 발전소 건설 계획을 중단하는 등 후속 조치를 단행한다. 1994년 창설된 '과학기술환경부(Ministerio de Ciencia, Tecnología y Medio Ambiente, 이하 CITMA)'와 1장에서 언급한 국가 자연 보호 구역 시스템(SNAP) 조직도 그 후속 조치의 일환이었다. 그러나 더 주목할 만한 쿠바의 변화는 리우 정상 회의 이후 진행되는 쿠바의 국제 관계 변화다.

쿠바는 혁명이 성공한 후 1980년대까지만 해도, 세계 여러 지역의 좌익 무장 혁명을 지원하면서 '혁명 수출국'으로 불렸다. 그러나 1990년대 이후 쿠바는 해외 무장 조직과 군사 혁명 지원을 중단하고 다자주의 외교와 국제 협력을 강화한다. 특히 쿠바는 리우 정상 회의 이후의 국제 환경 협력에 적극 참여한다. 따라서 현재 쿠바에 대한 미국의 테러 지원국 지정은 잘못되었다는 평가가 많다. 쿠바에 대한 미국의 테러 지원국 지정은 냉전이 지속되던 1982년이 처음이었다. 당시 레이건 행정부는 쿠바가 엘살바도르, 콜롬비아 등 라틴아메리카 좌익 게릴라를 지원하고, 이들 조직과 일부 중동 무장 단체에 훈련 및 피난처를 제공한다는 이유로 테러 지원국으로 지정했다.

그러나 쿠바는 1990년대 이후 국제 협력 국가로 변모했고, 테러 지원도 중단했다. 혁명 대신 쿠바가 수출한 것은 의료와 교육 인력이었다. 2015년 5월 버락 오바마(Barack Obama) 대통령은 쿠바를 테러 지원국 명단에서 제외하고 7월 쿠바와 외교 관계를 회복했다. 그러나 2021년 제1기 트럼프 행정부는 퇴임 직전에 쿠바를 다시 테러 지원국으로 지정했다. 차기 대통령인 바이든 행정부가 퇴임 직전 쿠바 테러 지원국 지정을 해제하지만, 제2기 트럼프 행정부가 출범한 다음 날 다시 지정함으로써 현재까지 쿠바는 테러 지원국 명단에서 벗어나지 못한다. 전문가들은 미국의 이 결정이 테러 지원 여부와는 무관하게, 쿠바를 최대한 압박하려는 트럼프 대통령의 정치적 결정이라고 생각한다. 어쨌든 여기서 중요한 점은 한때 혁명 수출국의 오명을 가지던 쿠바가, '특별 시기'와 맞물린 1992년 리우 정상 회의를 계기로 국제법을 준수하는 모범 국가이자 지속가능 발전에 가장 적극적인 생태 국가 중의 하나로 변

〈**그림 1**〉・1992년 리우 지구 정상 회의에서 연설하는 피델 카스트로.

출처: 위키미디어.

모했다는 점이다. 피델 카스트로가 리우 지구 정상 회의에서 한 연설은 약 7분 정도 분량으로 길지 않으며 전문을 인용할 가치가 있기에 여기 소개한다.

피델 카스트로 연설문

(유엔 환경개발회의 연설, 신정환 옮김, 리우데자네이루, 1992년 6월 12일)

　　중요한 생물학적 종 하나가 생명 본연의 조건들이 빠르고 점진적으로 파괴되면서 사라질 위기에 처해 있습니다. 바로 인간이라는 종입니다. 우리는 이제야 이 문제를 인식하지만 그것을 막기에는 거의 너무 늦은 것 같습니다. 여기서 지적하고 싶은 점은 환경의 참혹한 파괴에 대한 근본적인 책임이 소비 사회에 있다는 사실입니다. 소비 사회는 옛 식민 종주국들과 제국주의 정책에서 비롯되었고, 또 그들은 오늘날 인류 대다수를 괴롭히는 후진성과 빈곤을 낳았습니다. 세계 인구의 20퍼센트에 지나지 않는 그들은 전 세계에서 생산되는 에너지의 3분의 2를 소비합니다. 그들은 공기를 오염시키고 오존층을 약화해 파괴했으며 기후 조건을 변화시키는 가스로 대기를 가득 채워서, 이미 우리는 그 파국적인 결과를 겪기 시작했습니다. 숲이 사라지고 사막은 확대되며 매년 수십억 톤의 비옥한 토양이 바다로 흘러 들어갑니다. 수많은 종이 멸종합니다. 인구 증가의 압력과 빈곤은 사람들로 하여금 생존을 위해 자연을 희생시키는 처절한 노력을 강요합니다. 이런 책임을 과거의 식민지였던 제3세계 국가들에 돌릴 수는 없습니다. 이 나라들은 불공정한 세계 경제 질서 때문에 지금도 착취와 약탈을 당합니다. 가장 발전이 필요한 이들에게 그것을 가로막는 것이 해결책이 될 수는 없습니다. 저개발과 빈곤을 초래한 오늘날의 모든 것이 생태계를 명백하게 더럽히기 때문입니다. 제3세계에서는 매년 수천만 명의 남녀와 어린이가 그로 인해 목숨을 잃고, 그 수는 두 차례의 세계대전 각각의 희생자 수보다도 많습니다. 불평등 교역, 보호주의, 그리고 외채는 생태계를 훼손하고 환경 파괴를 부추깁니다. 이러한 자기 파괴에서 인류를 구하려면 지구상에 가용한 부와 기술을 더 공정하게 배분해야 합니다. 소수의 국가가 사치와 낭비를 줄인다면 세상 많은 곳의 가난과 굶주림을 줄일 수 있습니다. 환경을 파멸하는 생활 방식과 소비 행태를 더 이상 제3세계에 넘겨주면 안 됩니다. 인간의 삶을 더 합리적으로 바꿉시다. 국제 경제 질서를 더 공정하게 만듭시다. 오염 없는 지속가능 발전을 위해 필요한 모든 과학을 활용합시다. 외채가 아니라 생태적 부채를 갚아 나갑시다. 사람이 아니라 기아가 사라지게 합시다. 공산주의라는 가상의 위협이 사라지고, 더 이상 냉전, 군비 경쟁, 그리고 군사비 지출의 명분이 없는 지금, 제3세계 발전을 증진하고 지구 생태계 파괴의 위협에 맞서기 위해 그 자원들을 즉각 투입하는 것을 가로막는 것이 무엇이란 말입니까? 이기심을 내려놓읍시다. 패권주의를 멈춥시다.

무감각과 무책임, 그리고 기만을 중단합시다. 우리가 이미 오래전에 했어야 할 일을 내일로 미룬다면, 때는 너무 늦을 것입니다.

쿠바의 국제 환경 협력

피델 카스트로의 연설은 리우 정상 회의에서 여러 면에서 큰 주목을 받았다. 그는 환경 파괴가 소비 사회와 제국주의적 경제 구조에서 비롯한다고 보면서 시대적 흐름인 '문화 전환'을 간파했고, '생태적 부채'라는 개념을 제시하면서 기후 정의를 주창했다. 그리고 군비 경쟁 비용을 생태계 보호 비용으로 전환하자면서 생태주의에 근거한 탈냉전 담론을 제시했다. 앞선 생태주의 분류에 따르자면, 사회 생태주의, 정치 생태주의, 그리고 생태 사회주의의 측면을 모두 포괄하는 내용이었다. 피델 카스트로는 '지속가능 발전'을 강조함으로써 시장 생태주의자의 양상도 보였다.

정리하자면, 쿠바는 1990년대 들어 국제법을 준수하는 차원을 넘어 국제 협력과 다자주의 외교를 중시하는 나라로 변모했다. 1991년의 소비에트 연방 해체에 따른 '특별 시기'의 고난이 주된 계기였다. 따라서, 사회주의 소련과 동유럽 블록의 해체가 쿠바 변화의 계기라면, 1992년 리우 정상 회의는 그 촉매제가 되었다고 할 수 있다. 이 회의에서 피델 카스트로는 '혁명 투사'가 아니라 제3세계를 대변하는 환경 지도자로 이미지 변신을 꾀했다. 이는 쿠바가 냉전 이후의 국가 생존 전략으로서 환경 외교를 추진하는 전략 변화의 일환이었다. 쿠바는 국제 협력을 통해 새로운 국제 질서에서 이념적 정당성과 외교적 공간을 확대하면서 정상 국가로 자리매김하겠다는 의지를 보였다.

리우 정상 회의에서는 여러 국제 환경 협약과 정책 문서가 채택되었다. 이 가운데 법적 구속력을 가진 국제 협약은 〈유엔 기후변화협약(United Nations Framework Convention on Climate Change, UNFCCC)〉, 〈생물다양성협약(Convention on Biological Diversity, CBD)〉, 그리고 〈사막화방지협약(United Nations Convention to Combat Desertification, UNCCD)〉이다. 먼저 〈기후변화협약〉은 1994년에 발효된 것으로, 이후의 '교토의정서(Kyoto Protocol)'(1997), '파리협정'(2015) 등으로 이어지는 국제 기후 체제의 출발점이다. 1993년에 발효된 〈생물다양성협약〉은 생물다양성 보전과 생물 자원의 지속가능 이용을 위한 협약으로, 쿠바의 생물다양성 정책에 큰 영향을 주었다. 1996년에 발효된 〈사막화방지협약〉은 토지 황폐화를 방지하고 사막화에 대응하기 위한 협약이다. 이밖에 리우 정상 회의에서는 법적 구속력은 없지만 중요한 정책 문서도 채택되었다. 지속가능 발전의 국제 규범을 제시한 리우 선언(Rio Declaration on Environment and Development), 지속가능 발전의 실행 계획인 어젠다 21(Agenda 21), 그리고 산림 관리에 관한 산림 원칙(Forest Principles)이다. 쿠바는 세 개의 협약을 모두 비준했고, 세 개의 정책 문서에도 참여했다.

쿠바의 국제 협력은 단발성으로 끝나지 않고 이후에도 지속되는데, 크게 세 부분에서 국제적 기여도가 높다고 평가된다. 첫째

〈그림 2〉• 1992년 리우 정상 회의에서 피델 카스트로가 〈생물다양성협약〉에 서명했다.
출처: 위키미디어.

는 생물다양성 보전 협력이다. 이미 1장에서 봤듯이 쿠바는 유네스코 MAB 프로그램에 따라 여섯 곳의 유네스코 생물권 보전 지역(Biosphere Reserves)을 지정해서 운영하고, 해양 생태계 보호를 위해 카리브해 국가들과 공동으로 산호초 및 맹그로브 보호 프로젝트를 수행한다. 국제 협력을 통해 열대림 복원, 습지 보호(《람사르 협약》), 그리고 외래종 통제를 위한 기술도 공유한다. 다른 한편으로는, 남남 협력도 활발히 진행해서 라틴아메리카와 카리브 국가들과 재난 대응, 해안 생태계 관리, 생태 농업 등의 경험을 공유한다. 기후위기가 심각해지는 현 상황에서는 피델 카스트로가 언급했던 기후 정의를 강조하는 가운데, 해안선 복원, 해수면 상승, 맹그로브 복원 등에서 국제 협력을 강화한다.

생태계 보전을 위한 국제 협력을 강화하는 가운데 쿠바는 어느덧 국제적으로 이 분야의 담론과 실천을 주도하는 나라 가운데 하나로 자리 잡았다. 이는 환경과 생태 문제를 '문화 전환'이라는 변화의 흐름에서 간파하고 사회 정의 차원으로 승화하면서 국제적 공감을 불렀기 때문이다. 피델 카스트로의 연설에 언급된 대로, 경제 정의와 '생태적 부채'를 주장하는 쿠바는 생태계 파괴의 주된 책임이 선진국에 있다고 주장한다. 그 결과 도출된 것이 리우 선언 27개 원칙 가운데 가장 잘 알려진 제7원칙이다. 그것은 환경 파괴 책임이 나라마다 다르기에, '공통적이지만 차별화된 책임(Common but Differentiated Responsibilities, 이하 CBDR)'을 묻는다는 원칙이다. CBDR 원칙은 이후 환경 문제의 국제 규범이 되었고, 〈유엔 기후변화협약〉의 첫 실행 협정인 1997년의 교토의정서에 적용되었다. 다만 2015년 파리협정 이후에는 선진국과 개발 도상국이 모두 참여해 자발적인 '국가온실가스감축목표(Nationally Determined Contribution, 이하 NDC)'를 정하는 글로벌 협력 모델이 실행된다.

대한민국은 교토의정서 체제에 참여하지만, CBDR 원칙에 따라 온실가스 감축 의무는 없었다. 그러나 '파리협정 체제'에 참여하고, 2025년 브라질 벨렝의 '제30차 〈유엔 기후변화협약〉 당사국총회'(COP30)에서는 2018년 대비 2035년까지 53-61% 감축하겠다는 NDC를 제출했다. 이에 반해, 쿠바의 NDC 구성은 조금 다르다. 즉 적응(adaptation) 정책이 가장 중요한 기후 전략이라고 보고, 다른 나라와는 달리, 국가 전체 감축 목표를 제출하지 않았다. 대신, 에너지, 산업 및 농업 등 부문별 목표를 제시했다. 이에 따라, 2030년대 중반까지 전력 생산의 약 26%를 태양광, 풍력, 바이오매스 등의 재생 에너지로 전환하고, 사탕수수 산업에서 발생하는 메탄가스 배출을 50% 감축하는 목표를 세웠다. 쿠바의 기후 전략은 온실가스 감축보다 기후 적응과 에너지 전환을 중심으로 수립된다는 점을 알 수 있다.

쿠바가 전체 감축 목표를 정하지 않는 이유는, 애초에 온실가스 배출량이 무의미할 정도로 미미하기 때문이다. 또한 주된 감축 의무는 선진국이 맡아야 한다는 CBDR 원칙을 고수하기 때문이다. 정작 기후위기와 관련해 쿠바의 발등에 떨어진 불은 온실가스 배출이 아니라 당장 겪는 허리케인이나 해안 침식 등에 따른 피해다. 감축보다 적응이 더 중요한 이유다. 그렇다고 해서 쿠바가 온실가스 감축을 비롯한 생태 정책을 등한시하는 것은 아니다. 반대로 쿠바는 적극적이고 창의적인 생태 정책을 통해 환경 문제의 대안을 제시하는 모범 사례로 주목받는다.

지속가능 발전 정책과 인간 개발 지수

쿠바는 리우 지구 정상 회의 직후 헌법을 개정해 환경 규제를 강화하고 1994년에는 CITMA를 만들어서 쿠바의 환경 정책과 지속가능 발전 전략을 총괄하게 했다. 또한 국가 자연 보호 구역 시스템(SNAP)을 가동해 국토의 약 20% 이상을 보호 지역으로 관리한다. CITMA의 출범은 환경과 개발 계획의 통합을 의미한다. 개발 계획과 허가 과정에 참여해서 사회 경제적 발전이 생태적 제약을 고려하도록 제도화한 것이다. 모순적인 관계인 환경과 개발을 동시에 관장하고 조율하는 CITMA는 현재 세대의 필요를 충족시키면서도 미래 세대의 필요 충족 가능성을 훼손하지 않는다는 지속 가능 발전 원칙을 구조적으로 구현한 기구라고 볼 수 있다.

CITMA는 환경 정책을 제도화함으로써 쿠바 환경 역사의 중요한 전환점이 되었다. 대표적인 정책이 1997년의 「환경법 81(La Ley 81 del Medio Ambiente)」이다. 이 법의 목적은 환경을 관리하고 보호하며 지속가능 발전을 구축하는 것이다. 또한 환경 보존을 위한 시민, 기관, 국가의 의무를 규정했다. 이 법은 2023년 새로운 질서와 경제 발전에 맞춰 개정된 「자원과 환경 시스템 신법」인 '법률 150'에 의해 대체된다.

쿠바는 법적 제도 외에 다양한 분야에서 실질적인 지속가능 정책을 추진한다. 앞서 1장에서 살펴본, 생태계와 생물다양성 보호를 위한 정책이 대표적이다. 그 외에도, 2017년의 '기후변화 적응 프로젝트(Tarea Vida)'에서 대표적으로 볼 기후변화 대응 정책, 화석 연료 의존도를 낮추기 위한 재생 가능 에너지 정책, 자연 자원과 문화유산을 보존하는 가운데 외화를 벌어들이는 지속가능 관광 정책, 유기 농업과 도시 농업을 통해 식량의 자급자족을 꾀하는 지속가능 농업, 학생과 시민이 자발적으로 지속가능 발전에 참여하도록 유도하는 생태 교육 등이 있다.

〈그림 3〉· 2012년 리우 데 자네이로에서 열린 '리우+20' 회의. 1992년의 리우 지구
정상 회의 20주년을 기념해 리우에서 개최되었다. 당시 쿠바 대통령 라울 카스트로가
참석했다.

출처: 위키미디어.

  우리는 여기서 쿠바가 취한 '지속가능 발전' 전략의 이념성을
검토해 볼 필요가 있다. 왜냐하면 이 전략은 앞서 언급한 다섯 가
지의 생태주의 가운데 보수적 성향의 시장 생태주의로 분류되는
경향이어서 사회주의 이념과 배치되기 때문이다. 시장 생태주의
란 자본주의 체제를 유지하고 개선하면서 생태 위기를 해결하려
는 환경주의적 입장이다. 다만 시장 생태주의 내에서도 '녹색 산
업', '녹색 경제' 등의 녹색(green) 이념이 환경을 이윤 창출의 기회
로 삼으려는 시장 친화적 입장이라면, 지속가능 발전은 시장 규제

와 사회 정의를 강조하는 생태주의 이념에 더 가깝다는 차이가 있다(이상헌, 102).

2012년 리우데자네이루에서 열린 유엔 지속가능 발전 회의, 일명 '리우+20' 회의는 결과 보고서인 「우리가 원하는 미래(The Future We Want)」에서 녹색 경제를 '지속가능 발전과 빈곤 퇴치'의 맥락에서 논의하면서, 지속가능 발전의 달성을 위한 중요한 수단 가운데 하나라고 규정한다(56조). 결론적으로 볼 때 지속가능 발전론은 시장 생태주의 틀에서 크게 벗어나지 못한다. 그럼에도 쿠바가 '특수 시기'에 지속가능 발전과 녹색 경제를 국가 전략으로 삼은 것은 당시 극도로 어려운 경제 사정 때문에 어쩔 수 없는 고육지책이었다. 쿠바는 이를 의식한 듯 '사회주의에 봉사하는 자본주의'라고 에둘러 말한다. 여기서 지속가능 발전을 보완하는 이론이 필요해 보이는데, 그것이 '지속가능 인간 개발'이라고 할 수 있다(신정환, 2017: 201).

미국의 마르크스주의 사회학자인 존 벨러미 포스터(John Bellamy Foster)는 현대 인류 문명이 직면한 도전 가운데 가장 강력한 파괴의 경제와 생태에 맞서기 위해 '지속가능 인간 개발(Sustainable Human Development)' 개념을 주창한다. 그는 한나 아렌트가 『인간의 조건』에서 말한 '세계 소외(world alienation)'라는 용어를 빌려 온다. 아렌트에 의하면 근대의 문턱에서 발생한 지리상의 발견, 종교 개혁, 그리고 과학 혁명은 인간이 더 이상 오감을 통해서는 직접 세계를 이해할 수 없게 하면서 세계와 가지던 통일성을 상실케 했다. 자신이 공유하고 교감하던 세계에서 인간이 분리된 것이다(아렌트, 347-357). 자연에서 소외되는 '세계 소외'는 노동에서 소외되는 '자기 소외'와 구별되는데, 아렌트는 마르크스가 말하는 자기 소외가 아니라 세계 소외야말로 근대의 특징이라고 주장한다(벨러미 포스터, 41).

벨러미 포스터는 지속가능 인간 개발이 자기 소외(노동의 소외)와 세계 소외(자연의 소외) 모두에 대응할 개념이라고 말한다(벨러미 포스터, 43). 왜냐하면 마르크스는 인간 감각이 해방되고 개발되면서 사회주의가 실현된다고 보았는데, 이렇게 인간과 자연의 물질대사를 변화시키는 인간 개발을 통해 자연의 소외와 인간의 소외를 모두 넘어설 수 있기 때문이다. 지속가능 인간 개발을 위한 세계 체제 주변부의 투쟁을 통해 자본주의는 사회주의로 이행한다(벨러미 포스터, 45). 벨러미 포스터는 체 게바라가 「쿠바의 사회주의와 인간(El socialismo y el hombre en Cuba)」(1965)에서, 사회주의 건설을 위해 경제 개발보다 인간 개발이 더 중요하다고 주장한 점을 주목한다. 그는 실제로 쿠바가 높은 수준의 인간 개발을 달성했으며, 이러한 지속가능 발전 성과는 '특별 시기'이기 때문에 나온 것이 아니라 근본적으로 사회주의 혁명 덕분이라고 해석한다(벨러미 포스터, 47).

세계자연기금(World Wildlife Fund for Nature, WWF)의 「살아 있는 지구 보고서 2006(Living Planet Report 2006)」에 따르면, 지속가능 발전이 성공하려면 두 가지 조건이 있다. 인간 개발 지수(Human Development Index, HDI)와 생태 발자국(Ecological Footprint)이 모두 기준에 부합해야 하는 것이다. 인간 개발 지수란 평균 수명, 문자 해

독률과 교육 수준, 그리고 1인당 GDP를 기준으로 한다. 한편, 생태 발자국은 1인당 지구가 감당할 면적을 말한다. 유엔 개발 계획(UNDP)에 따르면 인간 개발 지수는 0.8 이상이어야 '높은 수준의 인간 개발'이고, 생태 발자국은 1.8헥타르 이하여야 세계적 수준의 지속가능성을 가진 것으로 평가한다. 그런데 조사 당시 지구상에서 두 기준을 동시에 만족시키는 유일한 나라가 쿠바였다(WWF, 19). 요즘은 산정 방식도 다소 바뀌어서, 쿠바도 높은 순위에 들지 못한다. 유엔 개발 계획의 『인간 개발 리포트 2025(*Human Development Report 2025*)』에 따르면, 쿠바의 인간 개발 지수는 0.762로 세계에서 97위를 차지한다(UNDP, 302). 이는 2015년의 67위에서 더욱 하락한 순위다.

벨러미 포스터의 '지속가능 인간 개발'은 생태주의 가운데 생태 사회주의로 분류된다. 생태 사회주의는 현 생태 위기가 인간이 자연과 자본주의적 관계를 맺은 결과지만, 성장 중심의 공업화 전략을 취했던 기존 사회주의도 잘못이 있다고 비판한다. 또한 마르크스주의의 한계는 있지만 이론 자체의 잘못이라기보다 이념의 생태학적 의미를 이해하지 못했기 때문이라고 옹호한다(이상헌, 123). 쿠바는 「2030년까지의 국가 경제 사회 개발 계획(PNDES 2030)」에 명시했듯이, 경제 발전, 사회 정의, 그리고 환경보호를 통합하는 지속가능 발전을 국가 전략으로 추진한다. 지속가능 인간 개발은 쿠바의 생태 보존, 경제 발전, 사회주의 이념, 그리고 혁명 정신을 포괄한다는 점에서 사회주의 정권의 지속가능 발전 전략을 보완하는 역할을 한다. 쿠바에서 이 전략의 중요한 두 축이 생태 농업과 생태 관광이다.

식량 안보와 생태 농업

쿠바 혁명 이후 농업 정책은 대체로 세 단계로 나누어 전개되었다. 첫째, 혁명 직후부터 1960년대 초까지는 두 차례(1959, 1963)의 토지 개혁과 농업 국유화를 중심으로 농업 구조를 재편하는 시기였다. 이 과정에서 대지주와 외국 기업의 토지가 국유화되어 소유 구조는 변했지만, 사탕수수를 중심으로 한 단일 작물 생산 구조 자체는 크게 변화하지 않았다.

둘째, 1970년대부터 1980년대까지 쿠바는 소련과의 협력을 강화하면서 대규모 국영 농장, 기계화 농업, 화학 비료와 농약을 대량 투입하는 동유럽식 산업 농업 모델을 도입했다. 특히 1972년 쿠바는 사회주의 국가들의 상호 경제 원조 기구인 '코메콘(Council for Mutual Economic Assistance, 이하 COMECON)'에 가입해 사회주의 경제권에 정식 편입되었다. 쿠바 경제는 이후 COMECON 체제에 맞춰 진행되었다. 이 시기에 설탕 산업 중심의 경제 구조는 오히려 더 강화되었다. 다시 말해, 단일 산품 의존도는 더욱 심해졌다.

셋째, 1990년대 소련이 붕괴하고 1991년 COMECON이 해체된 이후의 '특별 시기'에 쿠바에는 석유, 비료, 그리고 농기계 수입이 급격히 감소하면서 식량 생산의 감소로 이어졌다. 이에 식량 확보는 안보의 문제가 되었고, 쿠바는 식량 주권을 확보하기 위해 생태 농업 중심의 새로운 농업 모델로 전환하기 시작했다. 그 결과, 석유, 농약, 화학 비료, 기계 농업 등에 대한 의존을 줄이면서 저투입(low-input) 농업 방식을 확대하는 계기가 되었다. 이와 함께 쿠바는 대대적인 농업 개혁을 추진하는데, 한편으로는 제도적으로, 다른 한편으로는 농법의 변화를 통해 진행되었다.

먼저 쿠바는 제도적 변화로 농지 개혁을 추진했다. 그 결과, 1990년대까지 농지의 80% 이상을 국가가 소유하고 운영했으나, 이제는 반대로 70% 이상(약 350만 헥타르)을 협동 농장이나 가족 농장이 사용권을 가지고 운영한다. 2010년대 이후에는 이를 바탕으로 '도시·근교·가족 농업(Agricultura Urbana, Suburbana y Familiar)' 프로그램이 가동되어 도시민에게 신선한 로컬 식량을 제공한다. 한편 소농(小農)연합은 '농민대농민운동(Movimiento Campesino a Campesino)'을 통해 20만 이상의 농가에 교육 및 상생 프로그램을 지원한다(Casimiro). 지금 말한 두 프로그램 외에도, 쿠바 정부는 농업 관련 연구소와 농민 간의 협력을 통해 이론과 실천이 조화를 이루도록 유도한다(Beatriz, 129).

한편, 농법의 변화를 통한 농업 개혁이란 지속가능 농업 혹은 생태 농업을 말한다. 먼저 두 개념의 차이를 살펴보자. 앞서 언급했듯이 지속가능 발전을 국가 목표로 설정한 쿠바에서 지속가능 농업이란 농업 정책의 목표와 발전 방향을 의미한다. 이에 반해 생태 농업은 지속가능 농업을 실현하기 위해 채택된 농업 생산 방식이다. 생태 농업을 체계적으로 이론화한 미겔 알티에리(Miguel Altieri)에 의하면, 생태 농업(Agroecología)이란 생태적 관점에서 농업을 연구하는 것으로서, 농장을 기본 단위로 보고 그 안에서 광물 순환, 에너지 전환, 생물학적 과정, 그리고 사회 경제적 관계를 하나의 전체로 분석한다. 그래서 생태 농업은 생산의 증대가 아니라 생태 농업계를 통합된 시스템으로 최적화하는 것을 지향한다(Altieri, 1983: X).

1993년, 쿠바는 지속가능 농업을 위해 비효율적인 소련식의 국영 대농장을 해체하고 작은 규모의 기초 단위 '협동생산조합(Unidad Básica de Producción Cooperativa, UBPC)'을 만들었다. 정부는 자율적인 사용권을 농민들에게 부여해, 농장 운영권과 작물 선택의 자유를 주었다. 생산 의욕을 고취하고 생산 증대를 꾀한 것이었다. 그 결과 식량 생산이 증가하고, 이듬해에는 농민 시장이 부활하면서 식량 가격도 안정되는 추세를 보였다.

다른 한편으로, 1995년 쿠바는 식량 자급자족을 위해 도시 텃밭 농업(organopónicos)을 시작했다. 이는 도시의 공터, 공원, 주차장, 심지어 옥상에 이르기까지 가용한 농업 공간을 만들어 채소 등의 작물을 재배하는 방법이다. 이는 살충제나 제초제는 거의 쓰지 않고, 음식물 찌꺼기나 지렁이 등의 유기 비료와 바이오 농약을 쓰는 생태 농업이었다. 또한 생태계 순환 구조를 회복하는 도시 농업으로서 환경 개선, 고용과 소득 확보, 공동체 활성화, 삶의 보람 증진 등 사회적 기능도 가졌다(요시다, 153). 한국의 아파트 공터가 모두 주민의 주말농장으로 변했다고 상상하면 될 것이다. 주민은 여기서 배추, 당근, 토마토, 오이 등 각종 채소를 재배해서 자급자족하고 남는 것은 농민 시장에서 판매해 수입을 올린다.

이는 중간 거래상을 배제한 로컬 푸드로 생산자와 소비자 모두에게 이익이 가는 것이다. 그 결과 쿠바의 농업 생산량은 1998년에 이르러 '특별 시기' 이전 수준으로 회복했다. 또한 1996년부터 2005년 사이에 중남미의 1인당 연간 식량 생산이 제자리에 머무는 동안 쿠바는 4.2%의 괄목할 성장을 이룩했다(Altieri, 2012: 1). 어느덧 30년이 넘는 역사를 가진 도시 텃밭 농업은 현재, 위에서 언급한 '도시·근교·가족 농업'의 형태로 구현되었다.

이 모든 노력에도 불구하고 쿠바는 여전히 식량 자급이 부족해 수입에 의존하는 실정이다. 여기에는 연료 부족으로 농기계 사용이 어렵고, 비료와 농약이 부족하며 식물 종자 공급이 원활하지 않는 등의 구조적 원인도 있다. 하지만 최근의 관광 수입 감소, 코로나 팬데믹, 외환 부족, 기후변화, 미국 제재 등의 외적 영향이 상황을 더 악화시켰다.

이에 2022년 쿠바는 식량 체계를 제도화한 법령인 「식량 안보와 식량 주권에 관한 법률(Ley de Seguridad y Soberanía Alimentaria y Nutricional)」을 제정한다. 이 법은 식량 안보와 식량 주권을 보장하고 국내 식량 생산과 지역 식량 시스템을 강화하기 위해 만든 국가 식량 정책 기본법이다. 그렇다고 이 법이 완전히 새로운 내용은 아니고, 그간 진행하던 생태 농업 중심의 농업 체제를 국가 발전 전략으로 제도화한 것이다. 구체적으로는 수입 의존 감소, 식량의 질과 안전 증진, 지역 식량 체계 공고화, 건강한 식량 문화 교육 등 네 가지 과제를 추진한다는 목표를 가진다(Casimiro).

〈그림 4〉・도시 텃밭 농사에서 수확한 채소와 과일들.

출처: 위키미디어.

사회주의를 구하는 생태 관광

관광이란 일자리를 창출하고 사람들을 이어 주며 삶의 질을 높여 준다는 면에서 공동선을 지향하는 경향이 있다. 그러나 관광 인구가 과도해지면서 지역 사회 경제 기여는커녕 주민들의 삶을 불편하게 하는 많은 문제점을 낳는다. 심지어 대량 관광 혹은 과잉 관광이 일부 지역에서 관광 공포증(tourism phobia)을 초래해 관광객 숫자를 제한하고 급기야 쫓아내는 일까지 일어난다. 전통적인 관광의 가장 큰 문제점은 자연 자원을 고갈시키고 오염과 매연을 발생시키며 녹지와 삼림을 황폐화하는 등의 심각한 생태계 파괴라고 할 수 있다. 또한 지역 사회의 고유한 정체성이 훼손되고 전통적 가치관이 혼란을 겪는 등의 정신 생태계 훼손도 큰 문제다. 관광 산업이 지역 사회의 소득 증대에 도움이 된다지만 다국적 관광업계의 배만 불리는 경우가 많고 정작 국가 균형 발전과 사회 통합에는 해가 된다는 지적도 많다.

이에 비해, 지속가능 관광이란 관광지의 자연과 문화에 피해를 주지 않으면서 지역 발전과 주민 소득에 도움이 되는 관광을 말한다. '유엔 세계관광기구(UN World Tourism Organization, UNWTO)'는 지속가능 관광이 세 방향을 지향해야 한다고 규정한다. 첫째, 생태계 순환을 유지하고 자연유산과 생물다양성 보전에 도움을 준다. 둘째, 지역 공동체의 사회·문화적 고유성과 전통적 가치를 보존하며, 문화 간 이해와 관용을 증진한다. 셋째, 지역 공동체에 고용과 소득을 창출하면서 사회·경제적 이익을 제공한다(UN Tourism). 결국 지속가능 관광이란 생태계 보전, 사회·문화적 가치 존중, 그리고 경제적 이익 제공이 조화되는 가운데 유지되는 관광이다.

피델 카스트로는 혁명 이전에 음주, 도박, 매춘 등이 주를 이루는 미국인 중심의 관광 산업이 자본주의의 사악함을 보이는 진수라고 비난했다. 혁명 이후에도 이런 기조는 변하지 않았다. 그러나 특별 시기를 맞아 관광이 외화의 원천임을 깨닫고 난 후에는 지속가능 발전 전략의 목적으로 관광 산업을 인정한다. 물론 이것

도 '사회주의를 구하기 위해 자본주의를 이용하는 전략'이라고 포
장되었다. 쿠바처럼 제조업 분야가 취약하고 일자리도 부족한 나
라에서 이제 관광은 선택 아닌 필수가 되었다. 그러나 쿠바 관광
의 전제는 경제를 살리되 역사와 문화와 자연이 조화를 이루는 지
속가능성이 담보되어야 한다는 점이다. 특히 사회주의 체제를 훼
손하는 일이 있어서는 안 된다. 이 점에서 지역 문화와 가치를 존
중하면서 소득을 창출하는 지속가능 관광은 쿠바에 적절한 전략
이라고 할 수 있다. 이를 뒷받침하듯, 유엔 세계관광기구의 알레
한드로 바렐라(Alejandro Varela)는 쿠바가 지속가능 관광의 다섯 축
을 충족한다고 말한다. 다섯 축이란 1. 포괄적이고 지속가능한 경
제 성장 2. 사회적 일자리와 빈곤 퇴치 3. 자원의 효율적 사용과
환경보호 및 기후변화 방지 투쟁 4. 문화적 가치와 다양성 및 문
화유산 5. 평화와 안전이다(Tesoro).

　피델 카스트로가 관광에 대하여 가지던 부정적 시각은 뜻밖의
반전을 불러오기도 한다. 앞서 보았던 풍요로운 자연과 경이로
운 생물다양성이 외지인의 손을 타지 않고 잘 보전됨으로써 쿠바
가 생태 관광의 보고가 된 것이다. 도시 전체가 살아 있는 박물관
이라 할 아바나 역시 인간과 환경이 조화를 이루는 생태 관광지
로 주목받는다. 쿠바 정부가 추진하는 관광 산업 역시 인간과 자
연과 문화가 조화를 이루는 생태 관광이다. 그렇다면 지속가능
관광과 생태 관광은 어떤 관계를 맺을까? '국제생태관광협회(The
International Ecotourism Society, TIES)'에 따르면 생태 관광이란 첫째,
생태 문화의 다양성 보존과 확대 및 자연과 문화유산 보호를 위한

경제적 수혜를 제공한다. 둘째, 지역 공동체 능력을 신장하고 일자리를 제공함으로써 빈곤을 퇴치하고 지속가능 발전을 이룩하는 도구가 된다. 셋째, 개별 체험과 환경 인식을 통해 자연, 지역 사회, 그리고 문화에 대한 이해를 증진한다(TIES). 앞서 지속가능 관광의 세 축이 생태계 보전, 사회·문화적 가치 존중, 그리고 경제적 이익 제공이었다는 점을 상기하면, 생태 관광은 지속가능 관광과 지향점에서 큰 차이가 없다고 할 수 있다. 다만 앞서 지속가능 농업과 생태 농업을 구별한 기준을 고려한다면, 생태 관광은 지속가능 관광에 포함되는 개념이라 할 수 있다. 즉 지속가능 관광이 국가 전략이라면 생태 관광은 그 전략을 수행하는 수단이나 정책이라 할 수도 있을 것이다.

쿠바는 대량 관광보다는 자연 보호 구역, 국립 공원, 지역 공동체 중심 등의 관광을 통해 생태 관광을 확대하는 정책을 추진해 왔다. 그 특징을 정리하면, 광범위한 생태계 보호 구역과 높은 생물다양성, 국가가 주도하는 환경보호 정책과 관광, 주민이 적극 참여하는 지역 공동체 참여형 관광, 그리고 섬나라의 특성과 쿠바 특유의 생태계를 활용한 해양 보호 구역 관광을 들 수 있다. "관광 없이는 국가도 없다"는 각오로 정부 주도로 펼쳐 온 관광 정책과 생태 관광 덕분에 2018년에 468만 4천 명의 관광객이 쿠바를 찾으며 관광업의 정점을 찍었으나, 이후 트럼프 행정부 등장과 코로나 팬데믹의 영향으로 급격히 감소한다(Datosmarco). 그러나 더욱 심각한 문제는 호텔, 식당, 교통 등 쿠바의 관광 인프라가 너무 부족하고, 현재 있는 것마저 너무 낙후했다는 점이다. 미국의 제

재가 큰 원인이기는 하지만 자체적인 개혁도 시급한 실정이라 할
수 있다.

생태 도시 아바나 역사 산책[1]

아바나는 다양한 면모를 가진 쿠바의 모든 것을 압축해서 보여 준
다. 무수히 중첩되고 무한히 증식되는 아바나를 정의하기란 어렵
다. 아름다운 자연환경, 흥미진진한 역사, 그리고 풍요로운 문화
유산을 가진 아바나는 누구나 가고 싶은 명소가 되었다. 미래 도
시를 지향하는 아바나의 진정한 면모와 생태 도시 가능성은 얼마
나 될까? 먼저, 아바나의 역사는 대략 7단계로 나누어 볼 수 있다.
　첫째는, 아바나가 스페인 제국의 정복 이후 대서양 선단의 집결
지이자 쿠바의 수도로서 역사적인 무대가 되었던 시기다. 스페인
왕실 칙령(1634)으로 '신세계의 열쇠'라고 선포되며 전성기를 누렸
다. 두 번째는, 18세기 이후에 더욱 철저한 방어 시설을 갖추는 한
편 설탕 산업의 융성 덕분에 근대 도시로 진입하는 단계다. 19세
기에 들어와서는 철도, 가로등, 전신, 전기 등이 설치되면서 아바
나 도심 경계도 확장되었다. 유럽 스타일의 공원과 극장, 도서관

---

1) 아바나에 대하여 이어지는 글은 모두 『4차 산업혁명시대 한·중남미 기후환경협력』
　(2018)에 실린 필자의 「지속가능한 미래도시 아바나」의 일부를 수정하며 요약한 것
　이다.

등의 건물과 저택들이 건설되면서 라틴아메리카에서 가장 부유한 도시 가운데 하나가 되었고 '앤틸리스 제도의 파리'라 불렸다.

세 번째는, 스페인에서 독립은 하지만 미국 개입으로 미군정 지배를 받고, 플랫 수정안이 폐지되는 1933년까지 미국에 종속되는 시기다. 미국의 사탕수수 수요 덕분에 아바나의 자본가들은 막대한 부를 쌓았고, 제1차 세계대전과 미국 금주법은 아바나의 번영과 근대화에 기여했다. 아바나는 구시가지(La Habana Vieja)를 벗어나 베다도(El Vedado)까지 확장하고 미라마르(Miramar) 지역도 개발되어 신흥 부르주아 주거지가 되었다. 구시가지는 가난한 동네로 전락하고 베다도는 중산층 주거지로 자리 잡는 등 양극화 현상이 일어났다.

네 번째 단계는 1933년 이후 혁명 전까지 주로 바티스타(Fulgencio Batista y Zaldívar)의 독재 기간이다. 그가 집권하는 동안 많은 산업이 미국인 손에 넘어갔고, 농지의 70%도 미국인들 소유가 되었다. 아바나는 외국 자본의 유입으로 미국산 자동차와 외국인 관광객이 넘쳐났다. 지금 아바나에 굴러다니는 올드카(old car) 상당수가 이때 들어온 것이다. 구시가지는 갈수록 낙후되는데, 신흥 주거 지역은 번창하면서 도시 중심부와 주변부가 양극화되는 '저개발 도시'의 양상을 보이기 시작했다.

다섯 번째 단계는 혁명 시기다. 혁명은 아바나의 운명을 바꿔버렸다. 혁명 정부는 외국인 소유의 기반 산업과 자본을 국유화하면서 아바나 구조를 개조했다. 관광 산업이 폐지되고 미라마르 저택들은 시골 학생들 숙소로 이용되었다. 그러나 구시가지의 주택

난은 더 가중되었고, 혁명 때 쫓겨난 지주들의 건물은 방치되었다. 다만 피델 카스트로는 중점 사업 중 하나인 교육을 중시해 많은 학교 건물을 지었다.

여섯 번째 단계는 '특별 시기'다. 쿠바 정부는 최악의 경제난 타개를 위해 전향적 시각을 가지고 관광을 진흥한다. 관광과 함께 아바나의 모습을 바꾼 것은 도시 텃밭 농업이다. 도시 농업과 유기 농업을 결합한 이 생태 농업은 식량 문제 해결은 물론 부수적 열매도 있었다. 도시가 녹색 도시로 변모하면서 생태 환경이 개선되고 고용과 소득이 확대되었으며 공동체가 활성화된 것이다 (Strömdahl, 27). 특별 시기는 아바나를 새로운 형태의 도시로 리모델링하는 계기가 되었다.

아바나의 일곱 번째는 데탕트 단계다. 부분적인 시장 경제가 도입되면서 자영업이 일부 허용되고 농산물 시장도 열렸다. 해외에서 송금이 허락되고 물건을 달러로 구매하는 게 가능해졌다. 관광에 많은 예산을 투입해 아바나에 특급 호텔들이 건설되었고, 호세 마르티 국제공항도 확장되었다. 그 결과 1995년 관광 수입은 설탕 산업을 추월하고, 관광업 종사자들은 고소득자가 되었다. 미국과 수교 이후 관광객 숫자는 더 증가했다. 그러나 2018년에 정점을 찍은 쿠바 관광은 현재 정체 상태에 머물러 있다. 쿠바계인 마코 루비오 미국 국무장관이 주도하는 트럼프 행정부의 정책에 따라 쿠바와 아바나의 미래가 큰 영향을 받을 것이다. 이렇게 쿠바와 아바나의 역사를 살펴볼 때, 아바나는 역사 도시, 문화 도시, 휴양 도시, 그리고 생태 도시라는 네 가지 특성이 있다.

생태 도시 아바나의 네 가지 모습: 역사와 자연의 조화

먼저, 아바나는 누구도 부인할 수 없는 역사 도시다. 아바나는 지정학적 위치 때문에 오늘날에 이르기까지 아메리카의 역사, 더 나아가 세계 정세와 밀접한 관련을 맺어 왔다. 우선 신대륙의 관문이자 아메리카 대륙 침공의 본부로서 에르난 코르테스가 출발했던 기지이기도 하다. 이런 위치 때문에 아바나는 해적을 포함한 수많은 침략의 대상이 되었다. 그래서 아바나는 골목마다 수많은 얘깃거리를 가지며, 바다에는 카리브의 해적을 둘러싼 흥미진진한 역사가 숨어 있다. 쿠바 주변으로는 스페인의 보물선 수백 척이 수장되어 있다는 얘기가 돌아서 모험가들의 호기심을 자극하기도 한다. 카리브해는 스페인뿐만 아니라 프랑스, 영국, 네덜란드 등 유럽 열강이 세력을 다투는 각축장이었다. 스페인 식민지에서 벗어난 쿠바는 독립 후에 3년 동안 미군정의 치하에 있었고 미군이 물러간 후에도 혁명 이전까지 미국의 절대적 영향 아래 있었다.

1959년 혁명이 성공한 후 쿠바는 하루아침에 세계의 주목을 받는 나라가 되었다. 이후 케네디 정부의 피그만 침공 사건, 소련의 쿠바 미사일 기지 설치와 제3차 세계대전 위기, 쿠바의 사회주의 무력 혁명 지원 등으로 쿠바는 냉전의 상징이자 아메리카 정치의 풍향계가 되었다. 이후 소련과 사회주의 블록이 해체되며 '특별 시기'라는 고난의 행군을 겪었고, 2015년 미국과 수교한 후에는 긴장이 해소되는가 했더니 트럼프 행정부 출범 이후 긴장이 계속

되었다. 현재 쿠바는 니콜라스 마두로 대통령의 몰락 이후 제2의 베네수엘라가 될지 전 세계가 주목한다. 지금도 아바나는 여전히 숨가쁜 역사의 현장이다.

아바나의 두 번째 면모는 문화 도시라는 점이다. 호세 마르티의 말대로 혼혈은 중남미의 본질적인 조건이라고 할 수 있다. 중남미 내에서도 유럽, 아메리카, 아프리카, 그리고 아시아 인종과 문물이 교차했던 쿠바만큼 역동적인 혼혈 문화가 생성되었던 곳은 드물다. 이는 풍요로운 쿠바 문화의 다양성과 개방성이 어디서 왔는지를 설명해 준다. 아바나는 도시 전체가 쿠바 특유의 혼종성을 보여 주는 문화 도시다. 아바나 문화의 혼혈성은 식민 초기의 요새와 성곽뿐만 아니라 무데하르, 바로크, 신고전주의, 아르누보, 캘리포니아 양식 등 4세기에 걸친 다양한 건축 양식이 공존하는 모습에서도 확인할 수 있다. 특히 구시가지에는 16-17세기의 건축물 100개, 18세기 건축물 200개 등 식민 시대의 유서 깊은 건축물들이 늘어섰다. 1982년 유네스코는 살아 있는 박물관인 아바나 구시가지 전체를 인류 문화유산으로 선정했다. 알레호 카르펜티에르는 고풍스러운 건물들의 회랑을 이루는 열주(列柱)를 보고 아바나를 '기둥의 도시(La Ciudad de las columnas)'라고 불렀다.

물론 아바나가 건축의 도시만은 아니다. 세계적인 수준의 발레, '황금시대'를 구가했던 영화, 세계적인 화가들을 낳은 회화, 라틴 리듬과 음유 시인들의 음악, 독보적인 바로크 미학을 구현한 문학 등이 모두 아바나를 중심으로 발전했다. 이러한 예술적 매력 외에도 혁명 전사의 이미지를 넘어 문화적 아이콘으로 자리 잡은

〈**그림 5**〉 • 아바나의 파세오 델 프라도(Paseo del Prado). 아바나는 전형적인 '기둥의 도시'다.

체 게바라 신화 역시 세계 젊은이들을 아바나로 끌어들이는 매력이다. 이외에도 1940-1950년대의 고색창연한 미국산 승용차들이 21세기의 한국산 자동차들과 함께 아바나 거리를 질주하는 모습은 쿠바의 이종 혼합 문화를 다시금 실감케 한다.

카리브해의 항구 아바나는 휴양 도시이기도 하다. 콜럼버스를 첫눈에 반하게 한 쿠바의 자연은 대체로 평탄한 지형을 가지며, 이는 기후에도 적용된다. 즉 쿠바에는 추운 겨울도 없지만, 여름철의 뜨거운 땅을 식혀 주는 카리브의 무역풍 덕분에 찌는 듯한 더위도 없다. 이러한 자연조건은 왜 쿠바인들이 그토록 개방적이고 온순한지 이유를 말해 주는 것 같다. 실제로 쿠바 여행자들은 아담하고 아름다운 국토를 보며 포근함과 평온함을 느낀다. 아바나역시 완만한 구릉이 있는 평탄한 지형을 가진다. 게다가 고층 건물이 많지 않아 스카이라인이 낮아서 시각적 안정감을 준다. 또한식민지의 계획도시로, 광장을 중심으로 하는 격자형 도시 구획은도시를 차분하게 만든다. 결국, 아바나는 이곳을 찾은 사람들에게평온하고 느긋한 느낌을 주는 수평적인 도시다.

여행객에게 나른한 편안함을 안겨 주는 또 다른 낭만적 매력은바로 시가(puro)다. 프랑스 시인인 조르주 상드(George Sand)는 시가를 가리켜, "시가는 슬픔을 무디게 하고 고독한 시간을 수많은 아름다운 이미지로 채운다"라고 말했다. 그러나 사실은 아바나 여행 자체가 고독의 시간을 기분 좋은 수많은 이미지로 채워 준다. 음악만 있으면 거리에서 유쾌한 춤판이 벌어지는 흥취와 낙천성,해가 지면 연인들이 모여드는 말레콘 해변, 헤밍웨이가 마셨다는플로리디타의 다이키리와 보데기타의 모히토 등은 아바나 여행객을 나른한 편안함과 참을 수 없는 존재의 가벼움에 빠지게 하는매력이다.

마지막으로, 아바나는 전형적인 생태 도시다. 아바나는 구시가지 전체가 낙후되었으나 자본주의에 완전히 물들지는 않았다. 이러한 양면성이 역설적으로 아바나를 생태 도시의 실험장으로 만들었다. 특히 1990년대 초반의 특별 시기를 계기로 쿠바 정부는도시 농업과 유기 농업을 결합한 생태 농업과 생태 관광을 통해아바나를 지속가능 생태 도시로 건설하는 실험을 진행한다. 도시와 농촌을 구분하는 근대 도시의 틀, 다시 말해 자본주의적 근대 도시의 형태를 지양하고 식량, 고용, 환경 등을 모두 해결해 주는 방법을 모색하는 것이다.

한편, 아바나는 자동차 의존도가 낮은 도시로 저에너지 교통 구조다. 그래서 자연스럽게 대중교통이나 자전거 이용이 습관화되어 있다. 의도한 것은 아니지만 결과적으로 아바나는 모범적인 저탄소 배출 도시를 구현한다. 도시의 건축 양상 역시 생태적이다. 주로 3층에서 5층 사이의 낮은 건물들이 바둑판 형태로 배치되어 있어서 보행 중심의 도시 구조를 가진다. 아바나에는 또한 도시 농업, 강변 녹지, 공원 등 다양한 도시 녹지가 존재한다. 이 녹지 공간은 도시 생태계 유지와 기후변화 대처에 도움을 준다.

생태 도시 아바나의 과제

쿠바의 국가 발전 전략인 지속가능 발전의 한 축으로서, 아바나는 진정한 의미의 생태 도시로 거듭나야 하는 과제를 안는다. 하지만 현재 아바나는 생태 도시는 고사하고 전기와 기름 등 필수적인 생활 여건도 어려움을 겪는다. 도시 구조의 측면에서 볼 때, 가장 큰 문제는 도시 노후화인데, 체계적인 관리와 복원이 이뤄지지 않는다. 도시 계획가인 마리오 코율라(Mario Coyula)는 아바나가 멀리서 보면 매우 유혹적이지만 가까이 와서 보면 쓰러지는 중이라고 경고한다. 아바나 구시가지의 대부분 건물이 염분, 습기, 흰개미, 구조 변경 등으로 붕괴 위험이며, 특히 말레콘을 따라 늘어선 건물들의 70%는 당장 해체해야 한다는 분석도 있다. 실제로 현재 아바나에서는 매년 수십 건의 건물이 붕괴되는 등 주거 환경이 더 악화한다.

아바나 도시 복원 논의에 앞장섰던 대표적인 두 인물은 이미 언급한 마리오 코율라와 아바나 역사학자인 에우세비오 레알(Eusebio Leal)이다. 특히 레알은 오랜 기간 아바나 복원의 핵심 기관인 아바나 도시 역사 사무소(Oficina del Historiador de la Ciudad de La Habana, OHCH)의 책임자였다. 두 사람 모두 생전에 아바나 보존을 위해 헌신했던 인물인데, 복원의 철학과 방법론은 상당히 달랐다.

마리오 코율라는 아바나가 박물관이 아니라 사람이 사는 도시임을 상기하고, 관광 도시가 아니라 주민들이 사는 도시를 강조한다. 그가 아바나 복원에서 가장 중요하게 생각하는 것은 사회적 복원과 주거 문제 해결이다. 그는 '특별 시기' 이후, 정부가 호텔을 짓고 관광을 진흥할 때 도심의 젠트리피케이션 발생을 경고하면서 도시는 시민을 위해 존재한다고 강조했다(Bahamonde). 반면에 에우세비오 레알은 역사 유산의 복원을 통해 문화유산 관광을 활성화하고, 그 돈으로 추가 복원을 해나가는 선순환 구조를 주장했다. 복원을 통한 관광이 도시 재생의 핵심 자원이 되는 것이다. 실제로 그 방식 덕분에 아바나의 광장과 요새 등 많은 식민지 건축물이 복원되었다. 코율라가 관광을 경계했다면 레알은 그것이 사회주의 지속을 위해 활용해야 할 도구였다(Fuentes, 332). OHCH

〈그림 6〉·방치된 아바나의 식민 시대 건물.

책임자로서 아바나 복원을 현장에서 감독했던 레알에게 제일 중요한 것은 예산이었을 것이다.

그럼에도 코율라의 경고가 틀린 말은 아니다. 현재 관광 산업은 쿠바에 새로운 종류의 문제를 낳는다. 가장 큰 사회 문제는 전통적인 도시와 농촌의 구분이 일반 지역과 관광 지역의 구분으로 바뀌면서 새로운 분리와 차별이 생기고 사회적 위화감을 낳는다는 점이다. 또한 대량 관광의 폐해로 도시 주민의 주변부화 현상도 재발한다. 관광객 유치를 위한 아바나의 사회 기반 시설 건설이 졸속으로 이뤄지는 것도 큰 문제다. 또 다른 문제점은 비인간화 현상이다. 즉 외화가 절실한 주민들에게 관광객이 인간이 아니라 달러로 비치면서, 체 게바라가 말한 '새로운 인간'을 지향하는 쿠바 사회주의 정신을 위협한다.

아바나는 전통문화와 정체성, 그리고 자연을 통해 미래를 지향하는 매력적인 도시다. 특히 지속가능 발전 전략을 통해 쿠바 정부는 세계에서 가장 독특한 도시 생태 실험을 아바나에서 진행한다. 그것은 도시와 농촌을 구분하면서 적대적 위계 관계를 설정하는 근대의 도시 계획 틀에서 벗어나 식량, 고용 그리고 환경을 동시에 해결하는 길을 찾는 것이다. 이와 동시에 도시 설립 500년이 넘은 아바나는 도시 복원 사업을 통해 화석화된 도시가 아니라 생생하게 살아 있는 도시로 탈바꿈되어야 한다. 그 성공 여부에 따라 아바나는 아메리카 대륙의 로마가 될지 혹은 폼페이가 될지 운명이 갈릴 것이다. 그러나 생태 도시 구현이든 도시 복원이든 궁극적으로 중요한 점은 관광을 위한 도시가 아니라 주민을 위한 도시가 되어야 한다는 사실이다. 이 실험이 성공적으로 수행된다면 아바나는 인류에게 새로운 가능성을 제시하는 미래의 도시로 거듭날 것이다.

미국의 제재와 지속가능 발전

쿠바의 지속가능 발전 정책은 아이러니하게도 쿠바 정부의 자발적 선택이 아니라 국제 정치 질서의 변화에서 비롯한 것임을 부인할 수는 없다. 유럽 사회주의 블록의 해체와 미국의 강력한 경제 제재 때문에 선택의 여지가 없어진 쿠바가 생존을 위해 지속가능 발전 전략을 취했다는 것이다. 그러나 미국의 제재는 이제 지속가능 발전 정책마저도 지속할 수 없게 하는 결과를 낳는다.

먼저, 외환 부족과 제재 압박으로, 각종 공장과 발전소, 그리고 공공시설 부품과 기술 교체가 어려워 각종 인프라 시설이 급속하게 노후화되고, 이는 오염 증가로 이어진다. 예를 들어, 낡고 오래된 발전소 때문에 대기 오염이 증가하고, 정유 및 화학 설비는 유출 사고 가능성이 증가하며, 낙후된 하수 처리장은 해양 오염의 원인이 된다. 특히, 아바나의 경우에는 하수 처리 시설이 낙후되고 부족해서 생활 하수가 직접 해안으로 유입되는가 하면, 조금만 비가 와도 하수구가 넘쳐서 도로가 물바다로 변하는 일이 빈번하게 발생한다. 도로에는 인력과 차량 부족으로 치우지 못한 쓰레기가 하수구를 막는 악순환이 반복한다. 이는 심지어 시민의 생명까지 위협하는 지경이 되었다(Arce Montero).

폐기물 문제도 심각하다. 아바나 도심에 쌓인 생활 폐기물 외에 매립해야 할 산업 폐기물, 그리고 재활용해야 할 금속과 플라스틱 폐기물들이 방치되면서 오염을 발생시킨다. 폐기물 처리와 재활용을 위한 장비와 기술이 필요하지만, 경제 제재로 인해 도입

〈그림 7〉 · 2017년 허리케인 이르마(Irma)로 해안도로 말레콘이 물에 잠겼다.

되지 않으면서 상황이 악화한다. 카리브해에서 가장 건강한 산호초 생태계를 가졌다고 자랑하는 해양 생태계에도 비슷한 문제가 발생한다. 즉 해양 감시 장비와 연구 장비의 부족, 보호 구역 관리 예산 부족 등으로 해양 생태계 관리 능력이 약해져서 오염에 대처하는 관리 능력이 제한된다. 이런 현상은 보호 구역 관리에도 마찬가지 문제를 만든다. 쿠바는 국토의 20% 이상을 보호 구역으로 지정해서 관리하지만 제재로 인해 관광 수익과 국제적인 투자가 감소하면서 보호 구역 관리 예산도 부족한 상황이다.

1992년 리우 지구 정상 회의 이후 쿠바가 활발하게 펼쳐 온 국제 협력 외교에도 빨간불이 켜진다. 미국 제재로 인한 최신 장비

수입 제한과 금융 거래 제한은 국제 프로젝트 참여 제한으로 이어져 쿠바는 기후 연구, 해양 연구, 생물다양성 보호 같은 분야의 생태학 연구가 해를 입을 것으로 보인다. 결국, 제재로 인한 장비, 시설, 기술, 투자, 그리고 연구 부문의 축소와 피해가 생태계의 훼손으로 이어지는 악순환이 우려된다.

더 큰 문제는 제재로 인해 발생하는 인도주의적 피해다. 전기와 기름 같은 필수 에너지나 식량과 생필품 등의 부족은 역량 개발을 중시하는 인간 개발 지수의 하락은 물론, 사람의 기본적인 생존 조건을 위협하는 지경까지 초래할 수 있다. 지속가능 발전이 미래 세대의 필요를 훼손하지 않으면서 현재 세대의 필요를 충족시키는 발전이라고 한다면, 지금의 상황은 현재 세대의 필요 자체가 시급한 실정이 되고 만 것이다. 미국의 제재에 맞서는 쿠바에 대하여 국제 사회의 관심과 인도주의적 협력이 절실한 상황이다.

쿠바의 도전과 미래

2024년 2월 14일, 마침내 대한민국과 쿠바가 수교했다. 대한민국 외교 네트워크에서 사실상 마지막 남은 퍼즐이 맞춰진 느낌이었다. 두 나라는 지리적으로 멀리 떨어졌지만, 그 역사를 보면 의외로 많은 점을 공유한다. 콜럼버스가 항해할 때 의존했던 토스카넬리 지도에 의하면 쿠바는 일본의 동쪽 바다가 있어야 할 곳에 있다. 그래서 『항해록』을 보면 콜럼버스는 쿠바섬이 일본이라고 오해한다. 이렇게 볼 때 쿠바와 일본은 자신들도 모르게 기이한 인연을 맺은 셈이다. 그런데 역사적으로 볼 때 쿠바와 더 큰 공통점을 가진 나라는 일본이 아니라 한국이다. 제국주의와 식민주의의 피해자라는 점, 19세기 말 내 땅에서 다른 나라 군대가 전쟁을 벌였다는 사실(청일 전쟁과 미서 전쟁), 독립을 성취했으나 약 3년

동안 미국의 군정 아래 놓였던 경험, 그리고 독립 이후에도 강대국의 영향력이 크게 작용했다는 점 등이다. 이러한 역사적 유사성은 두 나라가 모두 강대국들 사이에 놓인 지정학적 위치에 있다는 사실과 무관하지 않다.

물론 두 나라는 공통점 못지않게 다른 점도 많다. 본문에서 살펴본 것처럼 모든 것이 느리게 움직이는 쿠바가 생태적 전환의 실험장을 보여 준 나라라면, "빨리빨리"를 외치는 개발주의 국가 대한민국은 세계적으로 높은 탄소 배출과 에너지 소비 구조 때문에 흔히 '기후 악당'이라고 비판받는다. 오죽하면 전화번호 국가 코드도 '82번'이 아니냐는 농담까지 나올 정도다. 이 대비는 단순한 유머 이상의 의미를 지닌다. 그것은 산업화와 성장 중심의 발전 모델이 가져온 성취와 동시에 그 한계를 보여 주는 상징이기도 하기 때문이다.

이러한 맥락에서 볼 때 수교한 지 두 해가 된 대한민국과 쿠바의 협력 관계는 특히 환경·생태 분야에서 의미 있는 가능성을 지닌다고 생각한다. 이 책에서 충분히 다루지는 못했지만, 자연재해에 대응하는 쿠바의 국가적 준비 체계와 공동체적 대응 방식은 한국 사회에도 중요한 시사점을 제공한다. 반대로 한국은 식량 생산, 재생 에너지, 그리고 다양한 산업화 경험을 통해 쿠바가 직면한 현실적 어려움을 완화하는 데 도움을 줄 수 있다. 이러한 협력은 맹목적 근대화를 지향하는 경제 협력이 아니라 인간의 삶을 지탱하는 기본 조건을 함께 모색하는 차원의 연대가 될 수 있다. 특히 이는 이념이나 정치적 이해관계를 넘어서는 인도적 차원의 문제이기도 하다.

쿠바 내부의 제도적 개혁 역시 필요하지만, 더 큰 구조적 문제는 미국의 제재다. 장기간 지속된 미국의 경제 제재는 쿠바가 국가 전략으로 내세운 지속가능 발전의 추진을 어렵게 만들었을 뿐 아니라 현재 세대의 기본적인 필요를 충족하는 데에도 큰 제약을 낳는다. 지속가능한 발전이 미래 세대를 고려하는 발전이라면, 무엇보다 먼저 현재 세대가 인간다운 삶을 영위할 조건이 보장되어야 한다. 그런 의미에서 쿠바가 직면한 문제는 단순한 국내 정책의 문제가 아니라 국제 정치 구조에서 이해해야 할 문제이기도 하다.

2026년 1월 3일, 미국이 베네수엘라의 마두로 대통령을 체포한 이후 국제 정치의 긴장이 고조되면서 카리브 지역의 불안정성은 더 커졌다. 미국의 다음 목표가 쿠바라고 인식되는 상황은 이미 경제적 어려움을 겪는 쿠바에 큰 부담이다. 그럼에도 쿠바는 지난 1959년 혁명 이후 수많은 위기와 난관을 견디며 살아남은 사회다. 70년 된 자동차를 수리해 가며 사용하는 쿠바인들의 생활 방식은 종종 낭만적인 이미지로 치장되기도 하지만, 그 이면에는 자원 부족에서도 삶을 지속해 온 적응성과 복원력, 그리고 공동체적 생존 전략이 자리한다. 이러한 경험은 단순히 한 나라의 특이한 사례가 아니라 앞으로 인류가 직면하게 될 자원과 환경의 제약에서 어떤 삶의 방식이 가능할 것인지 보여 주는 하나의 힌트일지도 모른다.

지속가능한 발전이란 결국 미래 세대의 가능성을 훼손하지 않으면서 현재 세대가 인간다운 삶을 살아갈 조건을 마련하는 일이다. 그런 의미에서 쿠바의 경험은 완전한 모델이라기보다 성장과 속도를 최고의 가치로 삼아 온 현대 문명에 다른 질문을 던지는 하나의 거울과 같다. 풍요와 소비가 반드시 좋은 삶을 보장하는 것은 아니며, 때로는 절제와 적응, 그리고 공동체적 연대에서 더 오래 지속될 삶의 방식이 만들어진다는 사실을 쿠바의 역사는 보여 준다. 외교 관계를 맺은 한국과 쿠바가 서로의 경험에서 배우고 협력한다면, 그것은 단순한 양국 관계의 진전을 넘어 우리가 어떤 문명을 선택할지 더 근본적인 질문을 함께 탐색하는 우정의 작업이 될 것이다. 어쩌면 이 카리브의 초록빛 섬이 우리에게 던지는 가장 큰 메시지는, 빠르게 성장하는 사회가 아니라 오래 지속되는 사회가 무엇인지 다시 생각해 보라는 요청인지도 모른다.

참고문헌

가타리, 펠릭스, 윤수종 옮김, 『세 가지 생태학』, 동문선, 2003.

갈레아노, 에두아르도, 조구호 옮김, 『라틴아메리카의 열린 혈맥』, 알렙, 2025.

국립생태원, www.nie.re.kr.

베이트슨, 그레고리, 박대식 옮김, 『마음의 생태학』, 책세상, 2006.

벨러미 포스터, 존, 윤순진 외 옮김, 「자본주의에서 사회주의로의 이행과 생태」, 『생태논의의 최전선』, 필맥, 2008, 35-50쪽.

불렛, 올윈, 신정환 외 옮김, 『현대 카리브의 삶과 문화』, 한국외대 출판부, 2008.

사이드, 에드워드, 김성곤 · 정정호 옮김, 『문화와 제국주의』, 창, 1995.

신정환, 「쿠바 문화의 기원과 쿠바 문학」, 『이베로아메리카연구』, 제11집, 2000, 89-105쪽.

_____, 「탈식민주의 생태비평과 라틴아메리카 문학」, 『외국문학연구』, 제47호, 2012.08., 79-97쪽.

_____, 「쿠바의 지속가능 인간개발과 생태사회주의」, 『한 · 쿠바 기후환경

협력』, 한국외대 지식출판원, 2017, 191-206쪽.

＿＿＿,「지속가능한 미래도시 아바나」, 신정환 외,『4차 산업혁명시대 한ㆍ
　　중남미 기후환경협력』, 한국외대 지식출판원, 2018, 271-293쪽.

＿＿＿,「생태비평의 정신과 몇 가지 주제들」,『라틴아메리카 생태를 읽다』,
　　알렙, 2023, 14-36쪽.

아렌트, 한나, 이진우 옮김,『인간의 조건』, 한길사, 2017.

애쉬크로프트, 빌, 이석호 옮김,『포스트콜로니얼 문학이론』, 민음사, 1996.

요시다, 타로, 안철환 옮김,『생태도시 아바나의 탄생』, 들녘, 2004.

이상헌,『생태주의』, 책세상, 2011.

장수환,『아바나 연대기: 도시와 건축, 그리고 환경의 역사』, 알렙, 2023.

정경원ㆍ서경태ㆍ신정환,『라틴아메리카 문화의 이해』, 학문사, 1999.

콜럼버스, 크리스토퍼, 이종훈 옮김,『콜럼버스 항해록』, 서해문집, 2007.

호스킨스, 윌리엄 조지, 이영석 옮김,『잉글랜드 풍경의 형성』, 한길사,
　　2007.

Altieri, Miguel A., *Agroecology: The Scientific Basis of Alternative Agriculture*, Berkeley: University of California Press, 1983.

Altieri, Miguel A. & Fernando R. Funes-Monzote, "The Paradox of Cuban Agriculture", *Monthly Review*, Vol. 63, No. 8, January 2012, pp. 1-17, https://foodsummit.ca/wp/wp-content/uploads/2022/05/The-Paradox-of-Cuban-Agriculture.pdf.

Arce Montero, Angélica, Abel Padrón Padilla & Yoan Carlos Santiago Mainat, "Alcantarillado en La Habana: Un viejo problema por solucionar", *Cubadebate*, 13 abril 2025.

Bahamonde, Tamarys Lien, "Cuban Cities and Vulnerability",

Columbia Law School, *Cuba Capacity Building Project*, March 5 2025, https://horizontecubano.law.columbia.edu/news/cuban-cities-and-vulnerability.

Bate, Jonathan, *The Song of the Earth*, London: Picador / Cambridge: Harvard University Press, 2000.

Cabrera Infante, Guillermo, *Mea Cuba*, Barcelona: P&J.Cambio16, 1991.

Carpentier, Alejo, "Problemática de la actual novela latinoamericana", *Tientos y diferencias*, Buenos Aires: Calicanto, 1976.

Casimiro, Leidy, Margarita Fernández & Giraldo Martín, "Impulsando la agroecología cubana al siguiente nivel", *Rooted in Agroecology and Food Sovereignty*, 24 septiembre 2024, https://rooted-magazine.org/es/2024/09/24/.

Cassano, Franco, "Mediterranean Thinking", in Miriam Cooke, Erdağ Göknar & Grant Parker(eds.), *Mediterranean Passages: Readings from Dido to Derrida*, Chapel Hill: University of North Carolina Press, 2008, pp. 367-377.

Centro Nacional de Áreas Protegidas, www.snap.cu.

Chomsky, Aviva, Barry Carr & Pamela Maria Smorkaloff(eds.), *The Cuba Reader: History, Culture, Politics*, Durham: Duke University Press, 2003.

Crosby, Alfred W., *The Columbian Exchange: Biological and Cultural Consequences of 1492*, Westport: Greenwood Press, 1973.

Cubania Travel, https://cubaniatravel.com.

Datosmacro, https://datosmacro.expansion.com/comercio/turismo-internacional/cuba?anio=2018.

DeLoughrey, Elizabeth M., Renée K. Gosson & George B. Handley (eds.), *Caribbean Literature and the Environment: Between Nature and Culture*, Charlottesville: University of Virginia Press, 2005.

Díaz González, Beatriz F., "La conversión agroecológica de la agricultura cubana ante nuevos escenarios", *Revista Estudios del Desarrollo Social: Cuba y América Latina*, Vol. 4, No. 4, Número Extraordinario, 2016, pp. 118-130.

Dobson, Andrew, *Green Political Thought*, London: Routledge, 2007.

Fuentes, Gabriel, "The Politics of Memory: Constructing Heritage and Globalization in Havana, Cuba", *ACSA International Conference Paper*, January 2016, pp. 332-339.

Funes Monzote, Reinaldo, *From Rainforest to Cane Field in Cuba: An Environmental History since 1492*, trans. Alex Martin, Chapel Hill: University of North Carolina Press, 2008.

Gandhi, Leela, *Postcolonial Theory: A Critical Introduction*, New York: Columbia University Press, 1998.

Gott, Richard, *Cuba: A New History*, New Haven: Yale University Press, 2004.

Guerra Vilaboy, Sergio & Oscar Loyola Vega, *Cuba: Una Historia*, La Habana: Ocean Sur, 2014.

Guillén, Nicolás, *Obra poética 1920-1972*, Tomo I, La Habana: Editorial de Arte y Literatura, 1974.

Humboldt, Alexander von, *The Island of Cuba: A Political Essay*, trans. J. S. Thrasher, Princeton: Markus Wiener Publishers, 2013.

Ibañez, Carmen, "En La Habana, una catedral teje su historia", *La*

esquina de Carmita, 19 enero 2019, https://laesquinadecarmita.
blogspot.com/2019/01.

Martí, José, "Mi raza", *Letras fieras*, La Habana: Editorial Letras
Cubanas, 1981, pp. 99-102.

______, "Nuestra América", *Letras fieras*, La Habana: Editorial Letras
Cubanas, 1981, pp. 160-167.

Martínez-Fernández, Luis, "Introduction: The Many Lives and
Times of Humboldt's Political Essay on the Island of Cuba", in
Alexander von Humboldt, *The Island of Cuba: A Political Essay*,
Princeton: Markus Wiener Publishers, 2013, pp. 1-18.

Masó y Vázquez, Calixto, *El carácter cubano: Apuntes para un
ensayo de Psicología Social*, La Habana: Ediciones Universal,
1996.

Núñez Jiménez, Antonio, *Cuba, Cultura, Estado y Revolución*,
México: Prelasa, 1984.

Ortiz, Fernando, *Contrapunteo cubano del tabaco y el azúcar*, La
Habana: Consejo Nacional de Cultura, 1963.

Pérez, Louis A., Jr., *Cuba: Between Reform and Revolution*, Oxford:
Oxford University Press, 2011.

Plumwood, Val, *Environmental Culture: The Ecological Crisis of
Reason*, London and New York: Routledge, 2002.

Rohlehr, Gordon, *Pathfinder: Black Awakening in the Arrivants*, Port
of Spain: College Press, 1981.

Sarduy, Severo, *Ensayos generales sobre el barroco*, Buenos Aires:
Fondo de Cultura Económica, 1987.

Strömdahl, Jan, *Cuba's Transition to Ecological Sustainability*, 2015,

http://www.svensk-kubanska.se/cubava/pdf/2015/Cubas_
Transition.pdf.

Suchlicki, Jaime, *Cuba: From Columbus to Castro and Beyond*,
Washington: Potomac Books, 2002.

Tesoro, Susana, "Cuba cumple con los cinco pilares del turismo
sostenible, asegura experto en FitCuba 2017", *Cubadebate*, 4
mayo 2017.

The International Ecotourism Society(TIES), "What is Ecotourism?",
https://ecotourism.org/what-is-ecotourism.

The Slave Voyages Consortium, www.slavevoyages.org.

UNESCO, http://unesdoc.unesco.org/images/0012/001271/127162e.
pdf.

United Nations Development Programme(UNDP), *Human Development
Report 2025*, New York, 2025.

UN Tourism, "What is Sustainable Tourism?", https://en.unwto-ap.
org/faq/10712.

Villegas, Abelardo, "¿Qué hacer con quinientos años de historia?",
in Leopoldo Zea(comp.), *Quinientos años de historia, sentido
y proyección*, México: Fondo de Cultura Económica, 1991, pp.
173-189.

Vitier, Cintio, *Testimonios*, La Habana: Contemporáneos(UNEAC),
1968.

World Wildlife Fund, *Living Planet Report 2006*, Gland: Global
Footprint Network, 2006.

Zanetti Lecuona, Oscar, *Historia mínima de Cuba*, Madrid: Turner
Publications, 2013.

자연과 사람이 가까운 초록빛 쿠바

1판 1쇄 발행 2026년 2월 28일

지은이 | 신정환
펴낸이 | 조영남
펴낸곳 | 알렙

출판등록 | 2009년 11월 20일 제410-251002009000156호
주소 | 경기도 고양시 일산서구 주엽로 134 시대프라자 704-1호
전자우편 | alephbook@naver.com
전화 | 031-913-2018, 팩스 | 031-913-2019

ISBN 979-11-24300-04-6   (93940)

* 이 책은 2019년 대한민국 교육부와 한국연구재단의 지원을 받아 수행된 연구임.
(NRF-2019S1A6A3A02058027)

* 이 책은 2025년도 한국외국어대학교 교원연구지원사업 지원에 의해 이뤄진 것임.